En mission dans la tourmente des dictatures

1965-1986

Haïti | Équateur | Chili

à Pierre Bellemare

Bonne lecture en
toute solidarité

Claude Lacaille

Catalogage avant publication de Bibliothèque et Archives nationales du Québec
et Bibliothèque et Archives Canada

Lacaille, Claude, 1939-

En mission dans la tourmente des dictatures

ISBN 978-2-89688-010-2

1. Lacaille, Claude, 1939- . 2. Société des missions-étrangères - Biographies. 3. Missionnaires - Amérique latine - Biographies. I. Titre.

BV3705.L32A3 2014 266'.28092 C2014-940143-4

Dépôt légal – Bibliothèque et Archives nationales du Québec, 2014
Bibliothèque et Archives Canada, 2014

Direction éditoriale : Yvon Métras
Révision : Josée Latulippe
Mise en pages et couverture : Charles Lessard

Les textes bibliques sont tirés de *La Bible, nouvelle traduction* de Bayard/Médiaspaul.

Nous reconnaissons l'aide financière du gouvernement du Canada par l'entremise du Fonds du livre du Canada (FLC) pour des activités de développement de notre entreprise.

Cet ouvrage a été publié avec le soutien de la SODEC. Gouvernement du Québec – Programme de crédit d'impôt pour l'édition de livres – Gestion SODEC.

4475, rue Frontenac, Montréal (Québec) H2H 2S2
C.P. 990, succursale Delorimier
Montréal (Québec) H2H 2T1
Téléphone : 514 278-3025 ou 1 800 668-2547
sac@novalis.ca • novalis.ca

Imprimé au Canada

Diffusion pour la France et l'Europe francophone :
Les Éditions du Cerf
editionsducerf.fr
24, rue des Tanneries
75013 Paris

Claude Lacaille

En mission dans la tourmente des dictatures

1965-1986

Haïti | Équateur | Chili

NOVALIS

Ce n'est qu'après bien des hésitations que j'ai décidé d'écrire ce témoignage. L'insistance de deux amis très chers m'y a contraint: Martin Ferron, que j'ai connu au cégep de Trois-Rivières en 1986 et, dix ans plus tard, Richard Grenier, que j'ai rencontré dans le même collège.

Martin est un artiste qui a le courage de vivre son rêve d'embellir le monde par la musique, sans entrer dans la marchandisation de l'art et de la beauté. Il crée et joue par amour et en solidarité.

À dix-huit ans, Richard a décidé de prendre le large vers le Pérou pour une immersion de six mois. Ce stage sur le fleuve Amazone l'a transformé et l'a conduit à initier la jeunesse québécoise à la solidarité internationale.

À leurs familles et à mes camarades du Comité de solidarité de Trois-Rivières, je confie ce témoignage. À l'horizon de la vieillesse, il est temps de transmettre aux générations suivantes la sagesse apprise par essais et erreurs, afin que se poursuivent le redressement des injustices et l'élaboration d'une terre nouvelle. Sachez que nous formons, avec des millions d'autres sur cette planète, la grande famille de celles et ceux qui travaillent avec enthousiasme et détermination pour qu'advienne un monde autre.

CLAUDE LACAILLE

Préliminaires *ad limina*

Je crains la rencontre avec le passé
qui revient s'affronter à ma vie...
Je crains les nuits peuplées de souvenirs
qui enchaînent mes rêves.
Mais le voyageur qui fuit
tôt ou tard finit par s'arrêter
et même si l'oubli destructeur
a tué ma vieille illusion,
je garde en secret une humble espérance
qui est toute la fortune de mon cœur[1].

El Salvador, septembre 2008

L'avion descend, enveloppé d'énormes cumulus blancs. En bas, les champs de cannes à sucre et de maïs, les pâturages, les vergers et les plantations de café dessinent une splendide courtepointe d'ocres et de verts. Dans les *campos,* on distingue des villages et des hameaux disséminés dans les montagnes. Les toits de tôle des fermettes brillent au soleil. De nombreux volcans pointent fièrement dans ce paysage bucolique du Salvador, le plus petit pays des Amériques. Le visage rivé au hublot, mon esprit plane dans le passé récent, celui de la guerre des années 1980. Tant de sang versé a imbibé cette terre durant l'insurrection populaire qui affronta le pouvoir oppresseur de quelques familles de propriétaires terriens et une armée appuyée généreusement

1. *Volver*, texte d'Alfredo Le Pera et musique de Carlos Gardel.

par les États-Unis! Ce sang semble s'écouler encore aujourd'hui dans les rivières limoneuses qui irriguent le grand corps de la Mère nourricière.

Me revient à la mémoire la voix de l'évêque martyr Oscar Romero, assassiné en 1980 pour avoir pris la défense des victimes de cette folie meurtrière. Pendant plus d'une heure, dans son homélie du dimanche à la cathédrale, il énumérait les crimes commis durant la semaine.

> Le 13 mars, dans les zones contiguës à Las Vueltas ont été assassinés les paysans José Aristides Rivera, Orestes Rivera et leur mère. On a retrouvé le cadavre de José Efraín Arévalo Cuellas, qui avait été capturé le 9 mars à San Miguel; il portait des marques de torture. Ce même jour furent capturés les jeunes Osmín Landeverde, Manuel Sanchez, Javier Mejía et Carlos García de Quetzaltepeque[2]...

... et l'évêque d'égrener ainsi un interminable chapelet d'horreurs vécues par son peuple.

Mon souvenir se porte aussi vers Ita Ford, avec qui j'ai œuvré au Chili: elle et sa compagne Carla Piette, toutes deux de la congrégation de Maryknoll[3], avaient accepté l'invitation de l'évêque Romero à venir travailler auprès des réfugiés de la guerre à San Salvador. Huit mois après l'assassinat de Romero, le 2 décembre 1980, Ita et trois autres missionnaires étasuniennes furent enlevées, violées et assassinées par des soldats sur la route de l'aéroport, là même où je roule présentement sous un ciel soudainement courroucé.

J'ai commencé la rédaction de ce livre sur cette terre où, au nom de leur foi en un Évangile libérateur, des milliers de paysannes et de paysans, d'intellectuels et de professionnels, de religieuses et de prêtres ont versé leur sang pour

---

2. Homélie du 16 mars 1980; il sera assassiné le 24 mars durant la messe.

3. Maryknoll est la Société des Missions-étrangères des États-Unis: elle est composée de religieuses, de prêtres et de laïques.

La chapelle d'Ita Ford et de Carla Piette à Santiago

prendre la défense des victimes de la guerre, pour s'opposer à des politiques assassines et à une économie prédatrice, pour consoler les affligés, redonner courage à un peuple à bout de souffle. Ces femmes et ces hommes demeurent une inspiration pour quiconque croit encore qu'un autre monde est possible.

Dans cette cathédrale de San Salvador, d'où la parole prophétique de l'évêque Romero a jadis retenti à travers toute l'Amérique centrale convulsionnée, règne aujourd'hui un calme plat. On y célèbre un culte hors-la-vie, une religion-refuge loin des réalités sociales qui divisent toujours profondément la nation : disparités économiques, pauvreté endémique, violence des gangs de rue, corruption. L'archevêque Lacalle a exilé la dépouille vénérée de son prédécesseur Romero au sous-sol du temple, agacé par l'affluence des petites gens qui venaient quotidiennement prier sur sa tombe. Une Église des catacombes naît, souterraine, marginalisée, bannie par les instances hiérarchiques. Venus des quartiers populaires périphériques, les disciples de Mgr Romero se réunissent dans la crypte tous les dimanches et maintiennent vive leur espérance, envers et contre tous.

À la défense de la théologie de la libération

Oscar Romero fut un prophète des pauvres de toute l'Amérique latine. Il fut isolé par ses confrères évêques, dont certains intégraient les forces armées comme aumôniers. Le pasteur s'était plaint à ses proches que le pape Jean-Paul II ne le comprenait pas. En condamnant la théologie de la libération, le Vatican s'est acharné sur cette Église des pauvres qui naissait dans les communautés de base[4] de tout le continent. En mai 2007, Benoît XVI se rendait à Aparecida, au Brésil, pour inaugurer la Conférence des évêques des Amériques. Lors d'une conférence de presse qu'il donna durant le vol, le pape Ratzinger renouvelait ses accusations. J'ai alors décidé de m'adresser à *mon frère Benoît* pour l'inviter respectueusement à écouter le peuple des croyantes et des croyants et à laisser de côté ses condamnations. La réaction à ma lettre fut enthousiaste et universelle : sur Internet, elle fut reproduite dans toutes les langues européennes par des organisations, des paroisses, des revues chrétiennes prestigieuses. Des centaines de témoignages me sont parvenus d'Amérique latine, du Canada, d'Europe de l'Ouest et même de diocèses orthodoxes de Moscou et de Lettonie ! Je retiens ce commentaire laissé sur le Web par une Péruvienne :

> La Latino-Américaine que je suis comprend ta vie, ton parcours fidèle à Jésus qui t'a appelé à le suivre en mettant les pieds sur la terre crevassée, là où les problèmes cessent d'être des théories, se transforment en vérités douloureuses et exigent dialogue, amour et compassion avec ceux et celles qui souffrent. Dans nos pays, on ne peut occulter la pauvreté, et tu l'as compris avec ta propre vie… C'est pourquoi je t'exprime ma profonde admiration et ma reconnaissance parce que toi, frère, tu es de ceux qui ont joué leur vie, dans un sacerdoce au service du peuple violenté et appauvri et, même si je ne

4. Regroupement de familles croyantes qui partagent leur vécu et leur foi dans un quartier ou un hameau.

te connais pas, je suis certaine que ton visage exprime la joie de ceux qui ont aimé profondément notre Maître unique contemplé parmi les pauvres et les petits. Merci de m'aider à penser ma vie, merci de t'être dépensé sur nos terres.

Lucrecia

Voilà ce qui m'a pressé d'écrire ce livre, témoignage de ce que mes yeux ont vu des efforts titanesques que les peuples ont déployés pour s'en sortir, dans ce continent saigné par le grand capital. C'est aussi un plaidoyer pour des dizaines de milliers de religieuses missionnaires, de laïques et de prêtres qui ont accompagné avec passion et enthousiasme les populations opprimées de l'Amérique latine et des Caraïbes. Venues de tous les coins du monde, ces personnes ont fait leurs les aspirations des peuples qui les ont accueillies.

Lettre ouverte à mon frère Benoît XVI

Je t'adresse cette lettre parce que j'ai besoin de communiquer avec le pasteur de l'Église catholique et qu'il n'existe aucun canal de communication pour te joindre. Je m'adresse à toi comme à un frère dans la foi et dans le sacerdoce, puisque nous avons reçu en commun la mission d'annoncer l'Évangile de Jésus à toutes les nations.

Je suis prêtre missionnaire québécois depuis quarante-cinq ans; je me suis engagé avec enthousiasme au service du Seigneur à l'ouverture du concile œcuménique Vatican II. J'ai été amené à un travail de proximité dans des milieux particulièrement pauvres: dans le quartier Bolosse à Port-au-Prince sous François Duvalier, puis parmi les Quichuas en Équateur et enfin dans des quartiers ouvriers de Santiago, au Chili, durant la dictature de Pinochet.

À la lecture de l'Évangile de Jésus durant mes études secondaires, j'ai été impressionné par la foule des pauvres et des éclopés de la vie dont s'entourait Jésus, alors que les nombreux prêtres qui nous accompagnaient dans ce collège catholique ne nous parlaient que de morale sexuelle. J'avais quinze ans.

La théologie de la libération, un mélange erroné de foi et de politique ?

Dans l'avion qui t'amenait au Brésil, tu as une fois de plus condamné la théologie de la libération comme *un faux millénarisme et un mélange erroné entre Église et politique*. J'ai été profondément choqué et blessé par tes paroles. J'avais déjà lu et relu les deux instructions que l'ex-cardinal Ratzinger avait publiées sur le sujet. On y décrit un épouvantail qui ne représente en rien mon vécu et mes convictions. Je n'ai pas eu besoin de lire Karl Marx pour découvrir l'option pour les pauvres. La théologie de la libération, ce n'est pas une doctrine, une théorie; c'est une manière de vivre l'Évangile dans la proximité et la solidarité avec les personnes exclues, appauvries.

Il est indécent de condamner ainsi publiquement des croyants qui ont consacré leur vie – et nous sommes des dizaines de milliers de laïques, de religieuses, religieux, prêtres venus de partout à avoir suivi le même chemin. Être disciple de Jésus, c'est l'imiter, le suivre, agir comme il a agi. Je ne comprends pas cet acharnement et ce harcèlement à notre égard. Juste avant ton voyage au Brésil, tu as réduit au silence et congédié de l'enseignement catholique le père Jon Sobrino, théologien engagé et dévoué, compagnon des six jésuites martyrs du Salvador et de monseigneur Romero. Cet homme de soixante-dix ans a servi avec courage et humilité l'Église de l'Amérique latine par son enseignement. Est-ce une hérésie de présenter Jésus comme un homme et d'en tirer les conséquences ?

J'ai vécu la dictature de Pinochet au Chili dans une Église vaillamment guidée par un pasteur exceptionnel, le cardinal Raúl Silva Henriquez. Sous sa gouverne, nous avons accompagné un peuple épouvanté, terrorisé par des militaires fascistes catholiques qui prétendaient défendre la civilisation chrétienne occidentale en torturant, en séquestrant, en faisant disparaître et en assassinant. J'ai vécu ces années dans un quartier populaire particulièrement touché par la répression, La Bandera. Oui, j'ai caché des gens, oui j'en ai aidé à fuir le pays, oui j'ai aidé les gens à sauver leur peau, oui j'ai participé à des grèves de la faim. J'ai aussi consacré ces années à lire la Bible avec les gens des quartiers populaires: des centaines de personnes ont découvert la parole de Dieu, et cela leur a permis de faire face à l'oppression avec foi et courage, convaincues que Dieu les accompagnait. J'ai organisé des soupes populaires et des ateliers artisanaux pour permettre à des ex-prisonniers politiques de retrouver leur place dans la société. J'ai recueilli les corps assassinés à la morgue et je leur ai donné une sépulture digne d'êtres humains. J'ai promu et défendu les droits de la personne au risque de mon intégrité physique et de ma vie. Oui, la plupart des victimes de la dictature étaient des marxistes et nous nous en sommes faits proches, parce que ces gens étaient nos semblables. Et nous avons chanté et espéré ensemble la fin de cette ignominie. Nous avons rêvé ensemble de liberté.

Qu'aurais-tu fait à ma place? Pour lequel de ces péchés veux-tu me condamner, mon frère Benoît? Qu'est-ce qui t'indispose tellement dans cette pratique? Est-ce si loin de ce que Jésus aurait fait dans les mêmes circonstances? Comment penses-tu que je me sens lorsque j'entends tes condamnations répétées? J'arrive comme toi à la fin de mon service ministériel et je m'attendrais à être traité avec plus de respect et d'affection de la part d'un pasteur. Mais tu me dis: «Tu n'as rien compris à l'Évangile. Tout cela, c'est du marxisme! Tu es un naïf.» N'y a-t-il pas là beaucoup d'arrogance?

Je rentre du Chili où j'ai revu mes amis du quartier après vingt-cinq ans; ils étaient soixante-dix à m'accueillir en janvier. Ils m'ont reçu fraternellement en me disant:

— Tu as vécu avec nous, comme nous, tu nous as accompagnés durant les pires années de notre histoire. Tu as été solidaire et tu nous as aimés. Voilà pourquoi nous t'aimons tant!

Et ces mêmes travailleuses et travailleurs me disaient:

— Nous avons été abandonnés par notre Église. Les prêtres sont retournés dans leurs temples; ils ne partagent plus avec nous, ne vivent plus parmi nous.

Au Brésil, on retrouve la même réalité: durant vingt-cinq ans, on a remplacé un épiscopat engagé auprès des paysans sans terres, des peuples autochtones, des pauvres dans les *favelas* des grandes villes par des évêques conservateurs qui ont combattu et rejeté les milliers de communautés de base, où la foi se vivait au ras de la vie concrète. Tout cela a provoqué un vide immense que les Églises évangéliques et pentecôtistes ont comblé: elles sont restées au milieu du peuple, et les catholiques passent à ces communautés par centaines de milliers.

Cher Benoît, je te supplie de changer ton regard. Tu n'as pas l'exclusivité du Souffle divin; toute la communauté ecclésiale est animée par l'Esprit de Jésus. Je t'en prie, remise tes condamnations; tu seras jugé bientôt par le Seul autorisé à nous classer à droite ou à gauche, et tu sais autant que moi que c'est sur l'amour que notre jugement aura lieu.

Fraternellement,

Claude Lacaille, p.m.é.
Trois-Rivières, ce 12 mai 2007

La genèse d'un cheminement

Trois-Rivières, fin des années 1950

La province de Québec était alors gouvernée par le légendaire Maurice Duplessis. Nationalisme, conservatisme social à tendance fascisante, autoritarisme et corruption, tel était le Québec qui vivait dans la soumission et l'eau bénite. Car l'Église était l'alliée du *chef*, qui asphaltait allègrement les stationnements des temples pour s'assurer les votes des bons catholiques. Le clergé occupait une place prépondérante dans la société; les *anglophones* du Canada qualifiaient le Québec de *priest ridden province*[5]. La santé, l'éducation et l'aide sociale étaient alors entièrement assumées par des institutions religieuses. Tricotés serrés, nous formions le petit peuple canadien-français et catholique enraciné sur les rives du Saint-Laurent, dans l'océan anglo-saxon majoritairement protestant d'Amérique du Nord qui, depuis deux siècles, avait tout fait pour nous assimiler.

J'ai fréquenté les collèges classiques de Joliette et de Trois-Rivières durant mes études secondaires. Nos maîtres se préoccupaient de notre chasteté, commentaient les encycliques de l'austère pape Pie XII et nous incitaient à la vocation sacerdotale. Tout était centré sur le contrôle de la sexualité. Une soixantaine de prêtres dans le collège étaient à notre disposition pour nous absoudre chaque semaine de nos penchants mauvais. Nous vivions dans un

5. La province menée par les prêtres.

Au séminaire de Trois-Rivières en 1959

milieu totalement masculin; les seules femmes présentes, des religieuses voilées dissimulées derrière des grillages, travaillaient dans l'obscurité des cuisines et de la buanderie. Nous ne leur parlions jamais.

J'étais un enfant religieux et curieux: à quinze ans, j'avais lu *Le libérateur* de Pierre Thivollier. La page couverture montrait Jésus en colère, muni d'un fouet, chassant les vendeurs du Temple. J'y découvrais un Jésus au service des pauvres, des masses indigentes abandonnées, des exclus, alors qu'au collège on n'évoquait jamais cette dimension sociale du message chrétien. Pourquoi passait-on sous silence l'option de Jésus pour les pauvres?

Plus tard, en théologie, j'ai subi des cours de Bible minables et décevants; l'accent était mis sur le dogme, la morale et le droit canonique, le tout débité en latin de cuisine et déconnecté de la réalité. Je m'y suis royalement ennuyé. Nous étions claquemurés au séminaire, infantilisés, sans journaux, sans télé, sans contact avec le monde extérieur, complètement coupés de la moitié féminine de l'humanité. Voilà comment on nous préparait à devenir des prêtres séculiers au service des gens!

J'avais dix-huit ans et portais la soutane noire que je ne quittais que pour aller au lit; j'étais un ecclésiastique. «Vous n'êtes pas des *gars*, vous êtes des *messieurs*», nous répétait avec insistance notre supérieur. Par notre intégration à la caste cléricale, nous devions nous comporter comme de petits bourgeois. Soumis à plus de trois heures d'exercices de piété par jour, mon esprit moqueur et libertin cherchait une soupape. Je la trouvai à la librairie catholique: une méthode *Assimil* d'espagnol sans peine, eh oui! J'ai toujours aimé les langues. L'étude du latin, du grec et du français m'avait donné une bonne base. J'achetai le livre, le recouvris d'un papier noir, le décorai d'une croix blanche avec des diachylons et, ainsi muni de ce faux livre d'oraison, je commençai à déclamer à voix basse, comme une prière: *Alberto va a París... Regresará la semana que viene*. Je n'avais jamais entendu parler espagnol, et personne ne le parlait à Trois-Rivières. Durant les vacances d'été, le vieux poste de radio familial à ondes courtes, qui avait pris le chemin du sous-sol, devint mon maître. J'y buvais les discours-fleuve de Fidel Castro, orateur au débit posé, qui jetait les bases du socialisme à Cuba et expliquait longuement et distinctement les mesures prises par la jeune révolution. Je m'initiais de cette façon à l'espagnol, à l'économie politique et à l'analyse sociale. Je m'abonnai à la revue *Mensaje* des jésuites chiliens, qui publiaient des articles étoffés sur la réalité de leur pays et de l'Amérique latine.

Ordonné prêtre en juillet 1962

Au cours de l'automne 1958, alors que j'entreprenais mes études en théologie, nous avions chanté à la cathédrale les funérailles du très aristocrate Pie XII. Le bon pape Jean, qui lui succéda, annonçait un espoir de rénovation. Un an plus tard, nous interprétions la même messe polyphonique, cette fois pour la disparition du premier ministre, Maurice Duplessis. La lumière de la modernité allait enfin commencer à poindre au Québec, et cela nous donnait des ailes dans ce lieu fermé du séminaire. L'année de mon ordination sacerdotale, 1962, marquait l'inauguration du deuxième concile œcuménique du Vatican. Nous entrions dans une ère nouvelle, celle des *Insolences du frère Untel*[6] et de la Révolution tranquille. Nous avions soif de liberté !

J'ai toujours voulu être missionnaire

Alors que j'étais encore tout petit, mon père m'amenait dans le port de Trois-Rivières après la messe dominicale voir les navires qui s'éloignaient vers le vaste monde. Les visites des sœurs de l'Immaculée-Conception dans nos écoles primaires m'éveillèrent dès la première année. Elles étaient si belles, avec leur habit bleu et leur voile diaphane ! Elles nous projetaient des diapos en noir et blanc – nous sommes en 1946, six ans avant l'avènement de la télé chez nous – sur lesquelles on apercevait des enfants africains et chinois que nous adoptions à coups de 25 cents. Au collège, des missionnaires venaient nous parler de leurs aventures. J'étais fasciné par leur audace, j'en rêvais littéralement. Je serai missionnaire !

En 1961, devant le succès de la révolution cubaine, Jean XXIII, craignant de voir le continent catholique d'Amérique latine sombrer sous la faucille et le marteau communistes, invita les Églises occidentales à y envoyer des missionnaires en grand nombre. J'avais suivi dans les revues missionnaires d'alors, seules autorisées à entrer dans notre enclos, l'histoire de la Radio Pie XII en Bolivie. En 1959, les oblats s'étaient installés à Siglo XX, une grande mine d'étain à 5000 mètres d'altitude sur les hauts plateaux. Ils y avaient ouvert une station de radio pour combattre le communisme,

6. Publié en 1960 par le frère mariste Jean-Paul Desbiens, ce petit livre est considéré comme l'un des éléments déclencheurs de la Révolution tranquille au Québec.

étant donné que le syndicat des mineurs constituait le centre d'activités du Parti communiste de Bolivie. Les gens devaient choisir entre le syndicat et l'Église. Mais en 1961, après deux ans d'affrontements avec les mineurs, le fondateur de la radio avait dû fuir, et un virage s'opéra alors. Les oblats décidèrent de s'allier plutôt aux travailleurs surexploités des mines et de faire cause commune avec eux. Par la suite, la radio sera dynamitée à cinq reprises par l'armée, et la persécution contre les prêtres ne laissera aucun répit. Un jour, alors que deux d'entre eux étaient relâchés après avoir été mis aux arrêts, on les réprimanda vertement :

— Désormais, contentez-vous de prêcher l'Évangile.

Et l'un d'eux de répondre :

— Mais nous n'avons jamais fait autre chose.

— Eh bien, ne retenez que ce qu'il y a de bon dans l'Évangile.

L'*option pour les pauvres* que ces oblats avaient prise m'interpellait beaucoup et je voulais en connaître davantage. D'ailleurs, à l'occasion d'un premier voyage en Amérique du Sud, c'est précisément à Siglo XX que je me rendis le jour de Noël 1967, et cette visite m'habite jusqu'à ce jour. Voilà le missionnaire que je désirais devenir !

Durant ma deuxième année de théologie, je sollicitai une audience à mon évêque pour lui demander de m'envoyer en mission au Chili. Monseigneur vit rouge, me tança brutalement. Il termina sa diatribe en me disant qu'il s'agissait d'une tentation du démon et me renvoya sèchement :

— Mettez-vous à genoux, je vais vous bénir.

— Je ne veux pas de votre bénédiction, répliquai-je, le chignon raide, et je sortis en claquant la porte.

L'Institut Voluntas Dei

Au début de l'été, je rencontrai un oblat, Louis-Marie Parent, qui venait de fonder un institut séculier, les Voluntas Dei. Il m'accepta sur-le-champ après un quart d'heure de conversation :

— Tu seras missionnaire. Mets-toi à genoux et lis la formule de probation.

Je m'agenouillai volontiers cette fois-ci. Ce furent des années enthousiastes; le père Parent était un apôtre dans l'âme, fonceur et audacieux. Durant les dix années précédentes, il avait disséminé sur toute la planète plus de mille jeunes femmes provenant du Québec et d'une multitude de pays. Nous allions former la branche masculine des Oblates missionnaires de Marie-Immaculée, et le monde s'ouvrait à nous. Dans une Église sclérosée et empesée, cet homme m'inspirait par sa spontanéité. Il me confia aussitôt des responsabilités :

— Avant d'aller en mission à l'étranger, tu iras à Arthurette, au Nouveau-Brunswick, avec Marcel [un confrère récemment ordonné, lui aussi]. Vous allez fonder un collège de dépannage pour de jeunes décrocheurs du cours classique qui veulent devenir prêtres.

À vingt-trois ans, j'étais envoyé en pleine forêt, dans une petite mission anglophone. Comme Nazareth, Arthurette ne figurait pas sur les cartes : une petite route avec une dizaine de maisons le long de la rivière Tobique et une minuscule *mitaine*[7] blanche en bois. Notre mission regroupait 25 familles catholiques entourées de 18 églises protestantes de toutes confessions. Champs de pommes de terre et forêt monopolisée par le géant pétrolier Irving dessinaient le paysage.

---

7. Nom populaire donné aux églises protestantes au Québec : *meeting hall* était devenu « mitaine ».

En mission dans les champs de patates

L'arrivée de deux jeunes prêtres catholiques en soutane noire sema la panique dans ce milieu orangiste[8], où le fanatisme religieux était grand de part et d'autre. Nous allions y former de futurs prêtres dans une vieille maison héritée d'un bienfaiteur catholique. Après avoir essuyé quelques insultes à cause de nos soutanes, nous avons décidé de nous déguiser en pasteurs protestants. En complet noir et col romain, nous avons commencé la visite de nos voisins, situation loufoque puisque je baragouinais un anglais incompréhensible. Mais notre naïveté et notre jeunesse faisaient de nous un objet de curiosité amusante plutôt qu'une menace. Le Concile annonçait le dialogue œcuménique; nous allions le devancer. Nous fréquentions les Églises réformées lors de funérailles ou de fêtes communautaires. J'étais frappé par l'importance donnée à la Bible dans leurs cultes, ce qui m'incitera à faire de l'étude des Écritures une priorité.

Au quotidien, nous vivions en communauté avec des étudiants venus faire du rattrapage en français, en latin et en anglais, pour leur permettre de poursuivre leurs études. En 1964, le père Parent revint de Rome triomphant: il avait réussi à décrocher l'autorisation d'ouvrir un Séminaire de théologie à Arthurette, au beau milieu des champs de patates. Je fus chargé de l'enseignement de la liturgie et, dès cette année-là, commencèrent à affluer des étudiants des Antilles, du Sri Lanka, d'Afrique du Sud, de Chine, des États-Unis, de Colombie et, plus tard, une bonne quantité de théologiens d'Haïti, où le séminaire des jésuites avait été fermé par Duvalier.

Arthurette fut une école de créativité; nous étions audacieux et ouverts, jouissant d'une liberté enviable aux confins du diocèse d'Edmundston. Une semaine après mon ordination,

8. L'orangisme vient de l'Ulster, en Irlande du Nord, et représente une idéologie anticatholique; très implantée au Nouveau-Brunswick, elle s'opposait à la présence des francophones.

mon premier dimanche de ministère allait se faire dans un anglais plus que rudimentaire :

— Priez le Saint-Esprit si vous voulez comprendre quelque chose, leur dis-je comme introduction.

Durant ces trois années, j'ai appris l'anglais et découvert la multiplicité des Églises de la Réforme et leur attachement à la Bible, j'ai été initié à l'œcuménisme, au dialogue entre chrétiennes et chrétiens de diverses confessions. Reçus de façon hostile au début, nous avons appris à aborder les gens sans discrimination et à libérer les catholiques de leurs préjugés. À l'occasion de la mort de Jean XXIII, les 400 familles des alentours répondirent avec empressement à notre invitation à célébrer des funérailles œcuméniques. Le bon pape Jean avait été perçu par nos amis protestants comme un grand chrétien, et son ouverture avait touché bien des cœurs.

À l'été de 1965, je fus envoyé à l'île paradisiaque de la Grenade, dans les petites Antilles, pour accompagner un jeune confrère antillais récemment assigné à la cathédrale de Saint-Georges. Comme mon séjour ne devait durer que quatre mois, je proposai de faire du porte-à-porte et de visiter les gens. Je découvris un peuple charmant et hospitalier. Je ne soupçonnais pas alors que les Antilles deviendraient mon premier lieu de mission à l'étranger.

Un baptême de feu en Haïti

Peuple dévalisé
peuple de fond en comble retourné
Comme une terre en labours
Peuple défriché pour l'enrichissement
Des grandes foires du monde
Mûris ton grisou
dans le secret de ta nuit corporelle
Nul n'osera plus couler
des canons et des pièces d'or
Dans le noir métal de ta colère en crues[9].

À la paroisse de Martissant

Parti de Grenade, j'atterris à Port-au-Prince le 18 décembre 1965. Mon imprédictible supérieur, Louis-Marie Parent, m'avait invité à aller le rejoindre pour célébrer les dix ans de présence des oblates en Haïti. Dès mon arrivée, il me propose de prolonger mon séjour de quelques mois pour accompagner un curé ami qui se remettait péniblement d'une phlébite. Pierre Alexandre, un prêtre haïtien, était alors vicaire général du diocèse de Port-au-Prince depuis l'expulsion par Duvalier de l'archevêque français François Poirier, en novembre 1960. Il dirigeait discrètement cet énorme diocèse depuis l'humble paroisse de Sainte-Bernadette, dans le quartier populaire de Martissant.

---

9. René Depestre, *Minerai noir*, Paris, Présence africaine, 1956.

Claude Lacaille en 1966 – Haïti

Je m'installai au presbytère. J'allais y refaire ma théologie auprès d'un homme de Dieu à l'écoute des déshérités qui peuplaient l'immense bidonville de Bolosse. Ami des pauvres et des petits, il avait vécu son ministère dans l'arrière-pays, au contact de la paysannerie, parcourant à cheval les sentiers tortueux d'inaccessibles montagnes. Sando, pour les intimes, avait un caractère enjoué et accueillant; d'une immense générosité de sa personne et d'un esprit très ouvert, il s'opposait carrément à tout contact avec le régime de François Duvalier.

— Chez moi, on parle toujours créole, m'avertit gentiment mon curé.

Je m'attelai aussitôt à l'apprentissage de la langue et commençai à pratiquer la messe de Noël en essayant de remplacer les *r* par des *w*. Accompagné d'un groupe d'universitaires, en plein air à la ruelle Chochote du Bois-Vernat, je célébrai ce qui aura été l'eucharistie la plus hilarante de ma carrière. Siméon, étudiant en théologie, s'était chargé de proclamer les lectures et de prêcher. Au moment où j'invitais les fidèles à «lever bien haut nos cœurs vers le ciel», je confondis le mot «cœur» avec le mot «queue», deux mots très semblables en créole, puisque le *r* n'existe pas. Un tsunami de fou rire éclata durant toute la célébration, et le lapsus fit le tour du pays… et court encore jusqu'à aujourd'hui.

Durant la journée, j'allais rejoindre deux marchandes d'oranges qui s'installaient sur les marches de l'église. «*M-vini lékol*[10]», leur disais-je, et pendant de longs moments

10. Je m'en viens à l'école.

nous bavardions allègrement, assis sur des *tichèz twipot*[11]. Ces dames se trouvaient fort aises de pouvoir enseigner à ce jeune Blanc qui recourait à leur savoir. Je découvrais que la langue parlée d'un peuple est la clé pour comprendre sa pensée et ses sentiments. Le créole est une langue pleine d'images et de proverbes, truffée d'humour et de musique. Les intonations et les gestes qui accompagnent la parole soulignent les nuances apportées, et les éclats de rire rythment le discours. Dans la cour de la maison, au marché, dans la rue, sur les sentiers des *mornes*[12], les gens bavardent entre eux; leurs palabres ont pour nom *odians*[13], autrement dit «papotage». Il est amusant de constater qu'en créole l'expression *palé fwansé* (parler français) signifie ironiquement «parler pour ne rien dire».

Pierre Alexandre se voulait à l'avant-garde dans l'application des réformes liturgiques du concile Vatican II. L'eucharistie était désormais célébrée en créole, à la grande joie des gens. Les dimanches matins, Sando se réservait la messe de quatre heures, à laquelle affluait une foule compacte composée des plus pauvres: vendeuses ambulantes, petits commerçants, artisans, domestiques, *rèstavek*[14], etc. Cette messe avait été instituée jadis pour les esclaves, afin que ceux-ci puissent draper leur nudité dans le manteau des ténèbres, mais surtout pour que, dès l'aube, ils puissent reprendre leurs besognes, car le code du travail du temps de l'esclavage prévoyait quatorze heures de labeur par jour. Aujourd'hui encore, d'ailleurs, certains patrons semblent ignorer que l'esclavage a été officiellement aboli depuis 1794!

À Sainte-Bernadette, la messe de quatre heures était la plus populaire, une véritable fête. Pendant deux heures, Villeroi, juché sur un banc, animait l'assemblée avec son accordéon,

11. Littéralement «chaises pour papoter»: petits tabourets de rotin utilisés par les marchandes ambulantes.

12. Désigne les montagnes, en créole haïtien.

13. Audiences = blagues.

14. Mot créole (reste avec). Enfants placés par leur famille biologique dans des familles citadines ou rurales. En échange de sa prise en charge, l'enfant participe aux tâches domestiques, dans des conditions souvent apparentées à de l'esclavage.

parfois accompagné des tambours qui battaient de façon envoûtante. Les bancs étaient bondés, les allées ainsi que le chœur grouillaient de monde. La foule chantait à s'époumoner prières et refrains qu'elle gardait parfaitement en mémoire. On y contemplait un peuple opprimé assoiffé de liberté qui criait sa souffrance à son Dieu.

Durant la Semaine sainte, nous chantions en créole le récit de la passion du Christ. Les fidèles étaient bouleversés; des pleurs, des cris, des hurlements, tels qu'on les entend lors des enterrements, résonnaient dans le temple. Pour la première fois en cinq cents ans de prédication chrétienne, la communauté comprenait cette histoire terrible de l'assassinat de Jésus par les autorités. Ce récit, le peuple haïtien l'avait toujours entendu en français, mais il s'identifiait désormais à ce Jésus victime de la répression. Moi qui avais toujours eu le désir d'approfondir la lecture de la Bible, je m'en suis donné à cœur joie, trouvant chez mes paroissiens une soif infinie d'apprendre. Mais je demeurais avec une question fondamentale: comment rendre ces textes anciens accessibles et utiles au monde d'aujourd'hui, alors qu'ils nous semblent tellement difficiles à interpréter?

J'observais quelquefois les femmes et les hommes qui venaient prier dans le temple durant la journée. Devant une statue de la Vierge, une vendeuse ambulante avait déposé son lourd panier et se tenait debout, bien droite, les mains levées vers le ciel. Elle priait tout haut, racontant ses malheurs, la violence de son conjoint, la faim des enfants, l'argent qui manquait. Elle insistait pour être entendue, suppliait et pleurait en même temps. Cela me bouleversait; comment rester indifférent à ces cris? Il m'arriva d'entendre un jour la prière d'un homme qui se tenait à la porte de l'église de Saint-Joseph, patron des ouvriers. Il était furieux contre le saint qui n'écoutait pas ses prières et ne l'avait pas aidé à trouver un emploi. Il l'injuriait avec rage, comme il aurait invectivé un compagnon de travail, en protestant à quel point sa misère était insupportable. La nef vide renvoyait l'écho de cette lamentation jusqu'au ciel. Ce n'était pas ainsi que j'avais appris à prier au séminaire, mais j'avoue que, si j'avais été saint Joseph, j'aurais été touché en plein cœur.

En semaine, après la messe de cinq heures dans une église pleine à craquer, des dames de la Légion de Marie m'amenaient visiter les malades. En soutane blanche immaculée, je parcourais des sentiers improvisés entre des cahutes sordides. Agrippé à un flanc de montagne, le quartier ne disposait ni de service d'égouts ni d'eau courante, et lors des pluies torrentielles, l'inondation provoquait le chaos. J'avais des haut-le-cœur devant une telle déchéance. Jamais je n'oublierai ce matin où je pénétrai à quatre pattes dans une cabane de carton d'un mètre sur deux, où gisait une jeune maman en phase terminale de cancer. Sans soins, sans médicaments, elle crevait sur la terre battue, et deux petits enfants affamés rampaient sur elle, nus. J'étais révolté, écœuré de n'avoir à lui offrir qu'une impuissante prière et une vaine onction d'huile. Les voisines me remercièrent gentiment et me rassurèrent : elles allaient prendre les petits à leur charge… tout simplement !

Je ne m'en suis jamais remis ! Toute la journée je braillai comme un veau dans ma chambre, complètement ébranlé. Jamais je n'aurais pu imaginer des situations aussi injustes et avilissantes. Petit bourgeois du Québec, élevé dans le confort, j'avais honte de faire partie d'un monde qui ignore cette réalité. J'aurais voulu prendre les armes, me battre contre les responsables de cette violente injustice, je ressentais une horrible impuissance, car je n'étais nullement préparé à comprendre la situation d'Haïti, à analyser ce qui s'y passait. J'ai vécu là ma plus profonde crise de foi.

— Les gens crèvent de faim et moi je chante des messes !

Désespéré, Villeroi, l'accordéoniste, vint me trouver un jour. Lui, d'habitude de bonne humeur, vivait un terrible drame : sa femme venait d'accoucher de jumeaux !

Il pleurait à chaudes larmes :

— Qu'est-ce que je vais faire ? Tu vois, j'ai déjà largué quatre enfants dans la misère et il m'en arrive deux autres. Comme moi, ces petits innocents vont souffrir de la faim durant toute leur existence. Tu ne peux pas comprendre, mon père, toi qui n'as jamais eu faim ! Moi, depuis que je suis au monde, je ressens une crampe qui me tord les boyaux, comme si le gros intestin voulait avaler le petit[15]. J'ai dû donner mes outils en gage pour payer le docteur. Je suis un homme fini.

Je considère ces années comme celles de ma formation missionnaire, et Haïti comme le lieu de mon baptême, un baptême de feu. Sando m'a accueilli comme un fils et m'a gratifié de son amitié et de sa confiance. Il m'a formé au monde des pauvres par son témoignage de dépouillement, de compassion et de largeur d'esprit. Il a été un prophète pour le monde des petits qu'il aimait profondément. Grâce à Sando, j'ai pu découvrir ce peuple si extraordinaire qui m'a transformé et a fait de moi l'homme que je suis devenu. Dans mon cœur se répercute encore, après cinquante ans, ce cri entendu tous les jours en Haïti : *mwen gwangou*, j'ai faim ! Ce spectre hante jusqu'à présent les masses abandonnées de la perle des Antilles, autant en ville que dans les campagnes.

À la quatrième avenue de Bolosse

En plus du ministère paroissial, ma présence en Haïti comportait une mission bien particulière : j'étais chargé d'y implanter l'Institut Voluntas Dei. En 1964, Duvalier avait fermé le grand séminaire de Port-au-Prince, et les candidats au sacerdoce étaient depuis lors en résidence surveillée dans leurs familles. Mon supérieur, Louis-Marie Parent, réussit de façon étonnante à décrocher une entrevue avec Papa Doc; il lui demanda la permission d'amener les jeunes théologiens au Canada pour qu'ils terminent leurs études.

---

15. En créole : *gwo twip mwen ap valé ti twip mwen.*

— De quel droit me demandez-vous cela ? demanda sèchement le dictateur.

Parent se leva, fit rapidement le tour du grand bureau de Duvalier qui eut un mouvement de recul. Il lui prit la main et lui dit avec pathos :

— Au nom de l'amitié qui unit nos deux peuples !

L'accord fut donné aussitôt.

Quelques mois plus tard débarquait à Trois-Rivières un important contingent d'étudiants haïtiens contents de pouvoir reprendre leurs études. Je resterais en Haïti pour les accueillir à leur retour et mettre sur pied notre institut. Un an plus tard, j'accueillais Eddy Julien, qui sera pour moi un frère, puis mon ami Léo Deshaies, simple infirmier comme il se définissait lui-même. Avec l'apport financier des oblates, nous avons acheté une propriété dans la 4e avenue de Bolosse et nous avons commencé à accueillir des étudiants intéressés à se joindre à l'Institut Voluntas Dei comme laïques ou futurs prêtres. La maison accueillait une bonne douzaine de lycéens et d'universitaires.

L'alliance entre le pouvoir et l'autel

Quand les jeunes prêtres haïtiens commencèrent à rentrer du Canada, la situation de l'Église catholique avait changé en Haïti. Duvalier avait arraché au Vatican la nomination de cinq nouveaux évêques haïtiens. Le Concordat entre le gouvernement d'Haïti et le Vatican, signé en 1860, stipulait que le président du pays désigne les curés et les évêques. Papa Doc voulait depuis longtemps avoir un clergé haïtien qui lui soit fidèle et soumis.

Aussi, en 1960, il avait chassé brutalement François Poirier, l'archevêque français de Port-au-Prince. Quelques mois plus tard, son auxiliaire haïtien, Rémy Augustin, connaissait le même sort. En 1962, il expulsa l'évêque des Gonaïves, le Breton Jean-Marie-Paul Robert, qui avait interdit à ses prêtres de réciter la prière prescrite à la fin de la messe pour le président de la République. Douze prêtres français étaient expulsés en 1963 et, l'année suivante, les dix-huit jésuites canadiens qui dirigeaient le grand séminaire de la capitale étaient jetés dehors.

Pendant les tractations diplomatiques pour la nomination des évêques, une pétition fut acheminée à Rome par l'entremise de Louis-Marie Parent. Les prêtres haïtiens demandaient des garanties pour que les futurs pasteurs ne soient pas des hommes de paille du régime. Rien n'y fit: cinq évêques furent consacrés dans la cathédrale de la capitale par le légat papal Antonio Samoré, le 28 octobre 1966. Duvalier y assistait dans le chœur avec le clergé, flanqué de ses *tontons macoutes* armés[16]. Les évêchés furent meublés et restaurés aux frais de l'État, un véhicule climatisé de luxe remis à chacun des nouveaux prélats. L'alliance entre le palais et l'autel était scellée. Duvalier se proclamait le «Père spirituel de la Nation», «l'électrificateur des âmes [sic]», «l'apôtre du bien collectif», et il distribua solennellement à «son» clergé le «bréviaire» de la révolution, invitation que Sando et moi avions déclinée en quittant la capitale ce jour-là.

Au début, le clergé haïtien était heureux de la nouvelle situation. En effet, il était grand temps que l'Église catholique se dote d'un clergé autochtone. Les missionnaires bretons, des hommes dévoués et endurcis, semblaient avoir été peu soucieux de promouvoir des vocations haïtiennes: à peine un quart du clergé était national à l'accession de Papa Doc au pouvoir en 1957. Le nouvel archevêque de la capitale, François-Wolf Ligondé, rentrait d'Europe où il avait reçu une formation en pleine période du Concile. Il s'entoura d'abord de prêtres progressistes, mais la lune de miel fut de courte durée: peu à peu, on constatait que

16. Le *tonton macoute*, l'équivalent de notre *Bonhomme Sept Heures*, ramasse les enfants dans son sac (macoute) le soir venu. La population désignait ainsi ceux que le régime appelait pompeusement les «Volontaires de la sécurité nationale». Ils constituaient la garde rapprochée du président.

les évêques étaient bassement soumis aux dictats du palais national qui acheta leur silence et en fit habilement ses complices.

Pris dans ce tourbillon d'événements, j'avais peu d'audience auprès de la conférence épiscopale. Je n'étais qu'un jeune étranger de vingt-six ans, et les évêques voulaient à tout prix mettre le grappin sur ces prêtres haïtiens qui rentraient du Canada. Ces derniers auraient voulu se regrouper en petites équipes pour assumer le ministère à la campagne comme l'Institut le proposait, car normalement, les jeunes prêtres étaient envoyés comme assistants auprès de curés souvent autoritaires et conservateurs opposés aux réformes.

Mes amis du clergé haïtien allaient bientôt se retrouver persécutés à leur tour. En effet, en avril 1969, le dictateur proclama une loi anticommuniste. Une trentaine de jeunes membres du Parti communiste d'Haïti, détenus à Fort-Dimanche, furent exécutés sur la place publique, en présence d'élèves et de fonctionnaires, dans une mise en scène de terreur. Cette campagne avait pour but de gagner l'appui des Américains et d'obtenir l'aide économique suspendue durant l'administration de Kennedy. Le 25 mai, jour de la Pentecôte, l'archevêque Ligondé appuya publiquement le dictateur dans son homélie.

Jusque-là, j'avais cru l'Église sainte, mais j'étais scandalisé par les compromissions d'une hiérarchie intrigante et poltronne. Outré, je me rendis donc rencontrer Ligondé pour une confrontation. N'ayant pas étudié à l'Académie des nobles ecclésiastiques du Vatican, mon langage n'eut rien de diplomatique. Je lui exprimai vertement mon dégoût et mon désaccord. Vexé par mon impertinence, « monseigneur » prit des mesures pour que je parte; j'étais devenu un « communiste ». Le 3 juin, je quittais Haïti, le cœur brisé et insurgé.

Le conflit avec l'archevêque s'amplifia de jour en jour, jusqu'au 15 août, où les prêtres du séminaire-collège Saint-Martial furent séquestrés et amenés *manu militari* au palais présidentiel. L'archevêque leur remit des passeports, et ils furent conduits sous escorte armée à l'aéroport pour être déportés. Ils arrivèrent à Paris complètement démunis et sans le sou. Tous étaient Haïtiens, mais il ne se trouva aucun évêque pour protester et, ce même jour, Ligondé et le ministre des Cultes Chalmers présentaient le nouveau supérieur du séminaire à des *tontons macoutes* au garde à vous! Le quotidien *Le Nouveau Monde* titrait: «Le communisme, voilà l'ennemi. Déportation de neuf prêtres catholiques coupables d'activités marxistes.» En octobre, j'écrivais dans *Le Devoir* de Montréal, sous le pseudonyme «Un Canadien errant»:

> En Haïti, les pauvres se sentent trahis par l'Église dite officielle et le peuple ressent avec tristesse la déception d'avoir des chefs ecclésiastiques plus soucieux de politique que de pastorale. La peur ronge la hiérarchie qui évite de poser clairement les problèmes. On tient les laïques et les prêtres engagés à l'écart; tout travail apostolique auprès de la jeunesse et des masses miséreuses est soupçonné de communisme.

Avant de mourir en 1971, Papa Doc imposa son fils Jean-Claude comme président à vie. Une cérémonie d'action de grâces eut lieu à la cathédrale. L'archevêque Ligondé, prenant Jean-Claude par la main, tint ce discours ahurissant:

> Votre autorité est une participation à l'autorité divine. Chef d'État, vous n'êtes pas un simple délégué de la communauté, Excellence, mais son guide dans la poursuite de ses plus hauts objectifs. Pour la première fois depuis le jour glorieux de notre indépendance, le pouvoir est confié à la jeunesse.

Le règne de la terreur

À dessein, j'ai voulu raconter comment j'ai pris contact avec Haïti, jeune missionnaire ingénu, tout imbu de l'idéologie religieuse de sauver le monde. Je n'avais aucune idée de ce qui se passait dans ce pays, sinon qu'y régnait un dictateur méchant. À mon arrivée, on m'avertit de ne jamais parler de politique. Les gens échangeaient à voix basse et regardaient tout autour avant de partager une nouvelle. La peur paralysait tout le monde. Sando me prévint d'être méfiant avec certains prêtres duvaliéristes.

Un jour, un soldat dirigeait le trafic chaotique sur la grande rue, face au presbytère. Il intercepta une jeep conduite à toute vitesse par un puissant *tonton macoute*. Offensé, le gaillard descendit de son véhicule et administra en plein marché une raclée humiliante au militaire en uniforme. Surnommé Ti-Bobo, ce fier-à-bras terrorisait les marchandes et vendeurs ambulants en leur extorquant de l'argent sur leurs maigres revenus. Cette nuit-là, le soldat enragé se présenta au domicile de son agresseur et le pressa de sortir : lorsque Ti-Bobo ouvrit la porte, il le cribla de balles. La population dansa jusque tard dans la nuit autour de son cadavre. Le soldat fut exécuté.

La dictature de François Duvalier - de 1957 à 1971

Le docteur François Duvalier s'était fait connaître dans l'arrière-pays comme administrateur de la campagne contre le pian[17] financée par les États-Unis, ce qui l'amena à devenir, jusqu'en 1950, ministre de la Santé. À la chute du gouvernement d'Estimé, provoquée par un coup d'État militaire, Duvalier passa à l'opposition et dut se cacher. Puis, à la chute du général Magloire, il se porta candidat à la présidence et, le 22 septembre 1957, assuma le pouvoir avec l'appui des généraux qui s'imaginaient pouvoir le manipuler aisément. Cet homme jusque-là discret et effacé accaparera le pouvoir, réduira à sujétion l'armée et l'Église catholique et jouera au chat et à la souris avec l'ambassade américaine au gré de ses objectifs.

La pyramide sociale haïtienne était alors composée de 87 % de paysans, de pauvres des villes et des campagnes; 11 % de la

17. Le pian est une maladie tropicale de l'extrême pauvreté causée par une bactérie et affectant la peau.

population faisaient partie d'une classe moyenne comprenant des fonctionnaires, des employés, des professionnels et des artisans. Durant le règne de Papa Doc, plus de 10000 intellectuels ont fui le pays; seulement au Canada, on comptait 250 médecins haïtiens en 1969. La grande bourgeoisie qui contrôlait le pays représentait à peine 1,5% de la population: des commerçants, des industriels, des propriétaires terriens (les grands doms), des cadres supérieurs du gouvernement et des officiers de l'armée.

Admirateur de Jean-Jacques Dessalines, Duvalier reprit à son compte le slogan du héros national: «*Koupé tèt, boulé kay*[18].» Pour neutraliser la capacité de l'armée à renverser son gouvernement, il s'entoura d'une garde présidentielle de 500 soldats et d'une milice de 8000 *tontons macoutes* recrutés principalement dans les couches les plus pauvres. Ces derniers jouissaient d'une complète impunité et vivaient de crimes et d'extorsion; ils formaient une mafia chapeautée par le pouvoir. Plus de la moitié du maigre budget national de 28 millions de dollars allait au financement de la sécurité du chef.

Durant les quinze années de son règne, Papa Doc élimina successivement ses hommes de confiance en les envoyant en ambassade à l'étranger ou en les fusillant tout simplement. Ainsi, en 1967, des courtisans le convainquirent que l'opposition préparait un complot contre sa vie à l'extérieur du pays et que sept hauts gradés de la Garde présidentielle y étaient impliqués. En tout, dix-neuf officiers de l'armée, accusés de conspiration, furent jugés et condamnés à la peine de mort. Le 8 juin, Duvalier commandait personnellement le peloton et choisit soigneusement les hommes chargés de tirer sur ces *judas en kaki*. Chacun des officiers désignés dut tirer sur une personne avec qui il avait des liens significatifs. Max Dominique, son gendre, faisait partie du peloton. Des miliciens étaient postés sur les toits, des mitraillettes braquées sur le peloton d'exécution pour

18. «Coupez les têtes, brûlez les maisons.»

protéger Papa Doc en cas de trahison. Max Dominique perdit alors son statut de militaire et fut nommé ambassadeur à Paris avec sa femme, Marie-Denise Duvalier : le couple présidentiel les accompagna gentiment à l'aéroport.

Une alliance avec les opprimés

Plongé dans ce monde de terreur durant quatre ans, j'ai été paralysé par un grand sentiment d'impuissance. Je me demandais si la religion que je représentais, même avec les réformes conciliaires qui nous emballaient, n'avait servi qu'à engourdir la souffrance intolérable vécue par tout un peuple. Dieu sait si le peuple haïtien puise sa force dans sa foi religieuse ! Mais la hiérarchie catholique avait vendu son âme au diable, et cela était pour moi un effroyable constat de trahison. Il m'était devenu insupportable de ne pas dénoncer cette situation et, surtout, de ne rien pouvoir faire pour changer les choses. Mais voilà ! Que faire ? J'étais rongé par l'indignation, et je suis convaincu que je me serais embarqué dans la dynamique de la lutte armée si l'occasion m'en avait été donnée. Je rentrai au Québec malade, affaibli par une typhoïde qui me tordait les boyaux et me faisait saigner abondamment. Cependant, je ne me sentais plus chez moi dans ma patrie québécoise; quelque chose avait changé définitivement dans ma vie. L'expérience haïtienne m'avait viré bout pour bout, mis sens dessus dessous. Ce que j'ai vu et entendu au milieu de ce peuple s'est gravé à jamais dans ma mémoire. J'avais découvert un peuple d'une vitalité surhumaine; j'avais entendu ses cris et vu son oppression, et j'avais été scandalisé par les trahisons de mon Église. J'y avais vécu de grandes amitiés, une relation chaleureuse avec la population des quartiers populaires et avec les étudiants qui partageaient ma vie à la maison de Bolosse. On m'avait même désigné à la blague de *nèg po lanvè*[19], compliment qui me faisait rougir de fierté.

19. Un Noir avec la peau à l'envers.

Cette indignation éthique allait nourrir ma spiritualité et ma relecture des évangiles.

Depuis lors, je n'ai cessé d'être un rebelle, viscéralement et spirituellement, comme ce Christ Libérateur du livre de Thivollier chassant les vendeurs du Temple. J'ai plongé dans le message subversif de Jésus de Nazareth et j'ai décidé alors que, jusqu'à mon dernier souffle, mon alliance serait scellée avec les opprimés, les exclus, les appauvris de ce monde.

L'Amérique latine, cour arrière des États-Unis

La United Fruit Company
Au son de la trompette,
tout fut prêt sur terre
et Jéhova répartit le monde
entre Coca-Cola Inc., Anaconda,
Ford Motors et autres entités :
la United Fruit Company s'est réservé le plus juteux,
la côte centrale de ma terre,
la douce ceinture de l'Amérique[20].

Avant de poursuivre le récit de mes deux missions subséquentes en Équateur et au Chili, je voudrais faire une pause et examiner la situation politique et sociale qui prévalait dans la cour arrière des États-Unis à cette période, dans les Caraïbes et l'Amérique latine.

Les peuples colonisés veulent s'émanciper

La décennie des années 1960 fut une période de grandes turbulences mondiales. Les pays d'Afrique, colonisés par l'Europe, obtiennent leur indépendance. De 1960 à 1970, 28 nouveaux pays rejoignent l'Organisation des Nations Unies. Une soif d'émancipation et de liberté balaie le monde.

Nous sommes en pleine guerre froide : les États-Unis et l'Union soviétique se disputent l'hégémonie mondiale. L'agression de l'armée américaine au Vietnam s'étire de 1961 jusqu'en 1973 ; par cette guerre atroce, on prétend

20. Pablo Neruda, *Canto General*, Barcelone, Editorial Bruguera, 1960, p. 185.

freiner l'avancée du communisme. Ce sera une guerre impérialiste prolongée, sale, impopulaire, qui se conclura par une défaite humiliante. Un petit peuple de paysans organisés et disciplinés vient à bout de la plus puissante armée au monde. Bilan: 1 million de soldats et 4 millions de civils sont tués du côté vietnamien; 8 774 000 militaires étasuniens participent à ce carnage.

Durant la même période, les États-Unis sont confrontés à une révolution socialiste à 170 kilomètres des côtes de la Floride, sur l'île de Cuba; leurs entreprises y sont nationalisées et les terres de la United Fruit, expropriées. L'invasion de l'île, planifiée par Eisenhower, puis commandée par Kennedy au début de son mandat en 1961, échoue totalement. Le peuple cubain fait front commun avec la révolution et remporte une victoire décisive sur les Étasuniens à la baie des Cochons. À la suite de l'embargo imposé par les États-Unis, Cuba, isolée de l'Amérique latine, se rapproche de l'Union soviétique, qui troque son pétrole pour du sucre de canne. En octobre 1962, les Soviétiques installent sur l'île des fusées nucléaires pointées sur les côtes américaines. La crise provoque presque un affrontement nucléaire entre les deux superpuissances. Mais finalement, le drame est évité: les Soviétiques retirent leurs missiles et se replient, en échange d'une promesse écrite de Kennedy de ne pas attaquer le gouvernement de Fidel Castro. Cela marque le début de la «détente» ou de la «coexistence pacifique».

Sur le plan interne, les États-Unis font face à un mouvement d'émancipation des Noirs. Après l'abolition de l'esclavage, les Noirs continuaient d'être battus, lynchés, agressés, maintenus à l'écart de la société étasunienne. L'abolition de la ségrégation avait été légalement adoptée en 1954; pourtant, en 1965, plus de 75 % des écoles du Sud pratiquaient toujours la ségrégation. Au début des années 1960, les Noirs se révoltent dans le Sud. À la fin de la décennie, ils entrent en insurrection dans des centaines de villes du Nord. En 1965, il y a des *hot summers*, où éclate la colère des exclus dans la violence sociale. Malcom X, le militant de l'organisation Nation of Islam, est assassiné. Le pasteur baptiste Martin Luther King dirige un large mouvement d'émancipation, s'inspirant de Gandhi et de la non-violence active. En 1967, un an avant son assassinat, il brise le silence et s'unit au mouvement contre la guerre du Vietnam. «Du Vietnam à l'Afrique du Sud en passant par l'Amérique latine, les États-Unis sont du mauvais côté de la révolution mondiale[21]», affirme-t-il. Avec d'autres groupes chrétiens, King lance la Campagne des pauvres, une seconde étape dans la lutte pour les libertés civiles, dans le but d'éliminer la pauvreté. «Ce ne doit pas être seulement les gens noirs, mais tous les pauvres, dit-il. Nous devons inclure les Amérindiens, les Portoricains, les Mexicains et même les Blancs pauvres[22].»

L'apôtre des droits civiques est assassiné en 1968.

La révolution des «barbus» de La Havane servira de déclencheur pour une nouvelle politique extérieure étasunienne en Amérique latine. John F. Kennedy et ses conseillers conçoivent un plan d'intervention dans la région, l'Alliance pour le progrès, consistant en un investissement de vingt milliards de dollars pour le développement économique et une imposante assistance militaire. La décennie des années soixante est marquée par la formation d'une nouvelle génération de militaires latino-américains et par le transfert de capital et de technologie de l'armée étasunienne vers l'Amérique latine. Le Pentagone et la CIA dessinent leur stratégie pour stopper l'avancée du socialisme: l'École de Panama, tenue par l'armée étasunienne, forme les cadres des forces armées latino-américaines. La torture est enseignée de façon systématique, avec la collaboration de militaires expérimentés venant d'Israël et d'Afrique du Sud. Le Brésil connaît la première dictature militaire en 1964; par la suite, les militaires brésiliens contribuent à former les forces

21. Discours de Martin Luther King à New York, le 4 avril 1967: *Beyond Vietnam: the time to break the silence.*

22. Discours de Martin Luther King à Atlanta le 23 mars 1968, lors d'un rassemblement pour la Campagne des pauvres.

répressives chez leurs voisins latinos. Cette nouvelle génération de militaires finira par s'emparer du pouvoir, et leurs dictatures s'acharneront à détruire toute velléité de progrès social durant la décennie 1970, particulièrement en Uruguay, au Chili et en Argentine.

Tous les espoirs semblaient permis

Depuis 1958, la victoire de la révolution cubaine avait déversé des torrents d'espoir parmi les masses appauvries d'Amérique latine, et les jeunes arboraient fièrement le béret surmonté d'une étoile rouge d'Ernesto *Che* Guevara. Un mouvement révolutionnaire de fond surgissait aux quatre coins de l'Amérique latine : les *Montoneros* en Argentine; le Mouvement de la gauche révolutionnaire MIR au Chili et en Bolivie; les *Tupamaros* en Uruguay; en Colombie, l'Armée de libération nationale (ELN), avec l'image emblématique du prêtre guérilléro Camilo Torres, et les Forces armées révolutionnaires de Colombie; sans oublier le Front sandiniste du Nicaragua; le Front Farabundo Martí de Libération nationale du Salvador; l'Armée de guérilla des pauvres (EGP), l'Organisation révolutionnaire du peuple en armes (ORPA) au Guatemala, et j'en passe.

Dans le contexte de la guerre froide, l'Union soviétique s'abstenait résolument de favoriser un processus révolutionnaire dans l'arrière-cour des États-Unis. L'alliance des Russes avec Fidel Castro n'eut lieu qu'après la consolidation de la révolution. Pour des raisons stratégiques, les partis communistes d'allégeance soviétique de la région s'opposaient généralement aux groupes révolutionnaires sur le terrain. Mais l'Amérique latine était en totale agitation et voulait en découdre avec l'impérialisme des États-Unis. Les dogmes soviétiques n'empêcheraient pas la révolution de se répandre, et la révolution cubaine ouvrait de nouvelles perspectives.

Voilà le climat social et politique qui m'attendait au moment d'entreprendre mes itinérances en Amérique du Sud.

Je suis un fils de Vatican II

Laissons entrer un peu d'air frais dans l'Église.
Jean XXIII

L'annonce du Concile œcuménique par Jean XXIII en janvier 1959 a irradié une lumière d'espoir dans l'Église catholique. Le bon pape nous invitait à ouvrir les portes et les fenêtres pour laisser entrer l'air frais du grand large dans cette Église qui s'apparentait de plus en plus à un conservatoire du passé. Les croyantes et croyants de ma génération, nous avons surfé sur la formidable dynamique déclenchée par cette rencontre exceptionnelle de 2500 évêques du monde entier au Vatican. Durant trois années, à raison de quatre sessions de deux mois chacune, les pasteurs de l'Église catholique et des invités des autres Églises chrétiennes, avec liberté et créativité, ont réfléchi et tenté de réformer cette institution vieille de deux millénaires.

L'Église catholique se transformait. D'abord, la doctrine sociale et les encycliques de Jean XXIII et de Paul VI avaient favorisé l'éclosion d'un christianisme social, qui mettait la priorité sur la justice sociale et la défense de la classe ouvrière. Ces idées avaient fait leur chemin en Europe et se concrétisaient dans les différents mouvements d'Action catholique, qui prônaient l'évangélisation de la cité par les laïques[23], et aussi dans le mouvement des prêtres ouvriers. Les partis politiques de la Démocratie chrétienne, qui visaient à humaniser le capitalisme, furent aussi un produit dérivé

23. Laïques désigne ici les «fidèles», c'est-à-dire les croyantes et croyants qui ne font pas partie du clergé.

des encycliques papales. En 1965, le concile du Vatican élabora un document magistral prônant le dialogue de l'Église avec le monde d'aujourd'hui.

> Les joies et les espoirs, les tristesses et les angoisses des hommes de ce temps, des pauvres surtout et de tous ceux qui souffrent, sont aussi les joies et les espoirs, les tristesses et les angoisses des disciples du Christ, et il n'est rien de vraiment humain qui ne trouve écho dans leur cœur[24].

Revenus du Concile où ils avaient été plutôt discrets, les évêques d'Amérique latine se réunirent en session plénière à Medellín en 1968. Ils constatèrent que partout dans l'Amérique latine chrétienne régnaient la misère et l'injustice sociale. Les hiérarchies catholiques, qui s'étaient rangées historiquement du côté des grandes familles de propriétaires terriens conservateurs, annonçaient un changement de perspective avec l'option préférentielle pour les pauvres comme témoignage de l'Évangile de Jésus. On choisissait désormais de favoriser l'émergence de communautés ecclésiales de base, alimentées par une lecture populaire de la Bible et insérées au milieu des pauvres.

La lutte pour la justice

Puis, le synode des évêques à Rome en 1971 publia le document *La justice dans le monde,* rejetant l'idée que la pauvreté disparaîtrait par le seul développement économique. Les évêques déclaraient considérer l'action pour la justice comme une dimension constitutive de la prédication de l'Évangile[25]. Aussi, l'Église devrait-elle pratiquer la justice en son sein, en insistant pour donner aux femmes la place qui leur revient. «Nous insistons, écrivaient les évêques, pour que les femmes aient leur propre part de responsabilité et

24. Vatican II, Constitution pastorale *Gaudium et Spes* sur l'Église dans le monde de ce temps, 1965, n° 1.

25. Synode des évêques, *La justice dans le monde*, Rome, 1971, n° 6.

de participation dans la vie communautaire de la société et pareillement de l'Église[26].» La même année, le théologien péruvien Gustavo Gutiérrez publiait son livre *La théologie de la libération*[27], qui donnera l'envol à une spiritualité évangélique centrée sur la libération des pauvres. J'ai eu le privilège d'entendre Gustavo à Montréal en 1969, à ma sortie d'Haïti : ce fut une véritable lumière sur le chemin que j'allais parcourir. Je découvrais enfin une théologie qui éclairait mon vécu. Hier, ligoté par l'impuissance devant tout ce mal social, je commençais à me percevoir comme un acteur de changement en exerçant mon métier de missionnaire.

La Bible déverrouillée

L'une des premières réalisations de Vatican II a été de redonner la Bible au peuple croyant. Lors de la Réforme au seizième siècle, profitant de l'invention récente de l'imprimerie, Luther avait traduit en allemand le texte biblique, dans le but de le rendre accessible au peuple. Mais Rome choisit plutôt de maintenir la Bible en latin, captive entre les mains du clergé. Avec Vatican II, l'Église catholique romaine s'exprimera enfin dans les langues vernaculaires. La Bible faisait sa sortie du placard. Les croyantes et les croyants pouvaient s'abreuver librement à la source de leur foi et de leur spiritualité.

Je me suis alors engagé avec enthousiasme à partager la richesse biblique avec les populations d'Haïti, de l'Équateur et du Chili. J'ai plongé dans ces textes anciens pour en découvrir l'actualité et, au milieu du peuple, j'ai appris à relire ce livre révolutionnaire. Les pauvres et les opprimés m'ont enseigné à pénétrer dans l'Évangile à la lumière de leur réalité. Ensemble, nous y avons trouvé un souffle pour continuer à vivre pleinement, pour chercher la justice et bâtir un monde de paix et de fraternité.

---

26. *Ibid.*, n° 42.
27. Gustavo Gutiérrez, *Teología de la liberación*, Lima, 1971 (traduit en vingt langues).

L'Église, peuple de Dieu solidaire de l'humanité

Une autre réalisation du Concile fut la redéfinition de l'Église comme peuple de Dieu, doctrine qui s'articula dans les trois grandes Conférences épiscopales latino-américaines de Medellín, Puebla et Santo-Domingo. Des synodes, des chapitres et un grand nombre de rencontres de toutes sortes eurent lieu dans les Églises locales pour définir leur présence dans le monde des pauvres. Les évêques prirent des positions courageuses, enracinées dans les conditions concrètes vécues dans chaque pays. Des mouvements de prêtres se multiplièrent, exigeant d'être entendus et s'exprimant sur des thèmes relatifs à leur ministère. On a alors assisté à une décentralisation de la grande institution de chrétienté autoritaire dirigée depuis Rome : au sein des peuples allaient surgir des Églises insérées dans leurs réalités sociales et culturelles. On vivait une démocratisation à la base dans un climat enthousiaste.

Avant tout, ce dynamisme apparut dans les communautés de base, soutenues par la Conférence épiscopale latino-américaine de Puebla, en 1979 : « L'engagement auprès des pauvres et des opprimés et le surgissement des communautés de base ont aidé l'Église à découvrir le potentiel évangélisateur des pauvres[28]. »

Les communautés de base ont surgi comme des sources d'eau fraîche, alors qu'on a commencé à partager la parole de Dieu avec les gens, dans les quartiers, les maisons et les campagnes. Dans chaque pays et dans différents contextes, à l'occasion de fêtes religieuses, de neuvaines ou d'autres dévotions, les gens se réunissaient pour lire la Bible, discuter de leurs problèmes et chercher des solutions susceptibles d'améliorer la vie collective, dans un climat de foi et de prière. Ces petits regroupements, avec des responsables choisis démocratiquement, se multiplièrent parmi les travailleurs, les Premières Nations, la paysannerie, les quartiers

---

28. Document de Puebla, n° 1147.

pauvres. L'apparition des dictatures militaires qui proliférèrent comme du chiendent durant ces années-là fit en sorte que les communautés de base devinrent un lieu privilégié de liberté d'expression et elles constituèrent un foyer de résistance à l'oppression. Le Dieu de l'*Exode* « qui voit l'oppression des esclaves et descend les libérer » a inspiré les luttes des syndicats, des femmes, des sans-toits, des sans-terres, des chômeurs et des appauvris.

La solidarité est la tendresse des peuples[29]

Le document conciliaire *Gaudium et Spes* spécifiait que l'Église doit être insérée dans le monde et en dialogue permanent avec la société. « La communauté des chrétiens se reconnaît donc réellement et intimement solidaire du genre humain et de son histoire[30]. »

À titre d'exemple, avec beaucoup d'affection, j'évoque ici le témoignage de Leónidas Proaño, évêque de Riobamba, en Équateur. En arrivant dans son diocèse en 1954, il fut confronté à deux défis importants : d'une part, la situation humiliante et marginale des paysans quichuas qui constituaient la majorité de la population et, d'autre part, le projet de construction d'une grande cathédrale promu par la bourgeoisie locale. Le pasteur s'empressa d'expliquer à ses ouailles que sa priorité était la construction d'un temple formé par les sœurs et frères autochtones, un temple de pierres vivantes. La cathédrale pourrait attendre ! Durant trente et un ans, Proaño s'attela au développement et à la libération des communautés quichuas, subissant les persécutions incessantes de la classe dominante, de ses confrères évêques et du nonce apostolique.

Guidée par des pasteurs qui furent aussi des prophètes du Dieu de la Vie, partout sur les terres d'Amérique, la solidarité des communautés de base avec les pauvres aura conduit

29. Gioconda Belli, poétesse nicaraguayenne.

30. *Gaudium et Spes*, n° 1.

au martyre de milliers de chrétiennes et de chrétiens, qui furent persécutés et vilipendés comme les prophètes bibliques.

Les maîtres de la loi imposent leur sacré pouvoir

En 1969, à la suite d'une visite de vingt pays d'Amérique latine, Nelson Rockefeller mettait en garde contre les idées subversives présentes dans l'Église catholique latino-américaine. « Actuellement, l'Église [...] avec un idéalisme profond, est vulnérable face à la pénétration subversive et elle est décidée à en finir avec l'injustice, de manière révolutionnaire si cela est nécessaire[31]. » Le voyage de Jean-Paul II à Puebla, au Mexique, en 1979, lors de la réunion de la Conférence épiscopale de l'Amérique latine, marqua son intention de mettre au pas la théologie de la libération et de ramener toute initiative dans le domaine social sous le contrôle de Rome. Lui qui contribua grandement à la chute du régime communiste en Pologne avait développé une collaboration avec le président Reagan, qui lui fournissait des informations confidentielles sur la Pologne. Jean-Paul II était sensible aux critiques et inquiétudes des États-Unis, qui voyaient leur influence diminuer sur le continent catholique.

En mai 1980, avant l'arrivée de Ronald Reagan, le *Document de Santa Fe*, élaboré par des experts républicains, affirmait que :

> [...] la politique extérieure des É.-U. doit commencer à affronter (et non simplement à réagir *a posteriori* contre) la théologie de la libération telle qu'elle est utilisée en Amérique latine par le clergé de la théologie de la libération. En Amérique latine, le rôle de l'Église est vital pour le concept de liberté politique. Malheureusement, les forces marxistes-léninistes ont utilisé l'Église comme

31. Nelson Rockefeller, Département d'État, *Bulletin*, 9 décembre 1969, p. 504.

> arme politique contre la propriété privée et le système capitaliste de production, en infiltrant la communauté religieuse d'idées plus communistes que chrétiennes[32].

En 1984, le cardinal Ratzinger publiait sa première mise en garde contre la théologie de la libération, dans lequel ce courant de pensée était caricaturé et condamné. Les théologiens Leonardo Boff et Gustavo Gutiérrez furent mis en examen. Le harcèlement se continuera de mille et une manières.

Nous qui vivions en Amérique latine avons réalisé, dès l'accession de Jean-Paul II, que l'essor de l'Église des pauvres allait être freiné. Après avoir surfé sur l'élan du Concile, nous allions connaître le creux de la vague. Cette offensive de Rome prenait pour prétexte l'utilisation de l'analyse marxiste de la réalité, mais la véritable raison, à mon avis, fut l'avancée spectaculaire du laïcat, et des pauvres en particulier, qui s'appropriaient cette Église peuple de Dieu en marche. Les pauvres n'étaient plus désormais de simples objets de la charité de l'Église, ils devenaient des sujets actifs. Le pouvoir ecclésiastique était menacé. Un virage à 180 degrés s'est alors opéré dans l'orientation de l'Église catholique, qui a été ramenée fermement à la sacristie. Jean-Paul II, le pape vedette, a habilement mené sa campagne d'évangélisation sur toute la planète par de grands *shows* religieux, éclipsant ainsi les évêques des Églises locales. L'Église des pauvres prenait le chemin des catacombes.

Fermes dans la fidélité au concile Vatican II

Je suis fils du Concile, j'ai vécu en fidélité avec ses enseignements et je n'accepte pas que l'on veuille renier cette grâce. En rébellion tranquille, sans prétention et avec liberté, tout au long de mes itinéraires panaméricains, j'ai été propulsé par le souffle du Concile.

32. *Une nouvelle politique interaméricaine pour les années 80*, document produit à Santa Fe. Publié en français par DIAL 757, le 28 janvier 1982, p. 13.

Après ce survol du contexte social et politique de l'Amérique latine et de la dynamique du Concile, je peux maintenant continuer le récit de ma mission en Équateur.

Une année de transition

Des questions cherchant réponses

En Haïti, j'étais entré facilement en relation avec les gens; j'en arrivais à bien m'exprimer dans la langue créole que j'adorais. J'avais avec nos étudiants une relation fraternelle et nous formions une belle communauté, en toute simplicité. À la paroisse, je faisais équipe avec Sando, que je révérais pour son ouverture et sa simplicité, et avec Eddy et William, deux prêtres haïtiens auxquels me liait une grande amitié. De nouveaux prêtres haïtiens, rentrés du Canada, s'engageaient au travail dans les paroisses: Danis à Léogane, Smith à Saint-Joseph, Yves à Cap-Haïtien, Eddy aux Irois. J'avais parcouru les routes et les sentiers du nord, de l'ouest et du sud en bus et à dos de mule, accompagnant durant des semaines trois des nouveaux évêques dans leur première visite pastorale. À l'occasion, je visitais les oblates qui travaillaient dans des postes de l'arrière-pays. J'étais très heureux, et jamais je n'aurais cru devoir quitter ce peuple si formidable.

Cependant, mes questionnements restaient sans réponses. Pourquoi toute cette misère, cette dictature, l'acharnement de Duvalier contre son peuple? Pourquoi les gens ne se révoltaient-ils pas? Comment les Haïtiennes et les Haïtiens avaient-ils gardé la capacité de rire? Un sentiment d'impuissance me paralysait. Pourquoi suis-je ici? Que faire? Je prenais conscience de ne pas avoir été préparé à ma mission et je me considérais chanceux de ne pas y avoir perdu la foi... ni la raison. À ma sortie d'Haïti, j'étais bien décidé à repartir, peu importe à quel endroit. La société de consommation dans laquelle nous plongions tête baissée au Québec me semblait irréconciliable avec l'expérience humaine extrême que je venais de vivre. J'avais tendance à rejeter mon monde développé.

Une invitation à aller en Équateur

Durant cet été de 1969, je fis la rencontre fortuite de l'évêque équatorien de Latacunga, Mario Ruiz Navas, en visite au Canada. Il avait besoin de prêtres.

— Combien d'étrangers avez-vous dans votre clergé? lui demandai-je.

— Aucun. Tous nos prêtres sont Équatoriens, et nous avons besoin de collaborateurs. Je vous verrais bien en charge de la pastorale des jeunes.

— Je suis votre homme; je vous rejoindrai à l'automne prochain.

J'irais en Équateur en milieu autochtone. La perspective de ne pas y retrouver un ghetto de missionnaires québécois m'attirait. Ainsi, je n'aurais pas le choix de m'intégrer pleinement, sans avoir à découvrir le pays à travers des perceptions d'étrangers.

Un mois au pays des Innus[33]

Durant cette année tampon où je me reconstituais une flore intestinale détruite par la typhoïde, on me demanda d'accompagner spirituellement l'Institut des Oblates de Marie-Immaculée au Québec et aux États-Unis pour une «Opération vérité». Cela consistait à intégrer les acquis du Concile dans la réalité des instituts séculiers, puisque les laïques avaient enfin retrouvé, croyait-on, leur statut

33. Innu est le nom du peuple autochtone vivant sur la Basse-Côte-Nord du Québec et au Lac-Saint-Jean.

de membres à part entière dans l'Église. Avant mon départ pour l'Équateur en novembre, on m'envoya visiter les oblates de Schefferville et de la Basse-Côte-Nord, entre Sept-Îles et Blanc-Sablon. J'allais découvrir l'existence de la nation innue dans son territoire du Nitassinan[34].

Je m'embarquai à Sept-Îles sur le *Fort Mingan*, pour un périple de 550 kilomètres qui allait me mener à l'embouchure de la grande rivière Saint-Augustin à Pakuashipi. J'avais apporté mes bouquins sur le marxisme achetés au pavillon russe de l'Expo, comptant sur les longues journées tranquilles pour les parcourir avant mon départ pour l'Équateur en novembre.

À bord, je fis la connaissance de Rémi Savard, un jeune anthropologue qui projetait d'accompagner une bande de chasseurs innus durant l'hiver. Il était en compagnie d'Alexis Joveneau, un oblat belge qui avait passé une quarantaine d'années au service de la communauté de La Romaine comme curé. Durant ces douces semaines d'automne, j'eus la chance de découvrir des gens rieurs, silencieux et fraternels. Le tout commença à Pakuashipi, auprès de seize familles nomades qui se préparaient à passer leur dernier hiver sous la tente : l'année suivante, le gouvernement fédéral prévoyait leur construire des maisons et les sédentariser. Ils étaient très affligés d'avoir à changer leur mode de vie. Alexis Joveneau m'invita à visiter les tentes des familles pour les saluer.

— Mais je ne les comprends pas !

— Pas grave, ils apprécieront ta visite. C'est un peuple silencieux; ils ne parlent pas pour rien.

Je m'exécutai, avec le seul mot que j'avais appris : j'entrai dans une première tente.

— Kwe ! kwe !

---

34. Nitassinan désigne un immense territoire à l'est du Québec dont les Innus sont les gardiens.

La dame me répondit avec un sourire et me fit signe de m'asseoir. Elle continua sa besogne, et les enfants me regardaient en riant. Après quelques minutes, assez embarrassé, je saluai de nouveau et sortis. Je venais de la planète Mars et réalisais qu'à trente ans je prenais conscience pour la toute première fois que ce peuple habitait cette terre depuis huit mille ans. Comment est-il possible que deux peuples vivent côte à côte sans jamais se rencontrer? Pourquoi les peuples autochtones nous sont-ils invisibles?

Le soir venu, nous fûmes conviés à entendre le vieux conteur Pien Peters. Nous étions assis dans la pénombre, sur un tapis de sapin, les uns contre les autres. Le silence régnait, et le grand-père allumait sa pipe lentement et en tirait des bouffées. Après un long moment, il commença à raconter en innu. Une femme de la communauté me servait de traductrice. Durant la soirée, le conteur détailla les voyages de sa bande, qui partait du golfe Saint-Laurent à l'automne et se rendait dans les territoires pour chasser le caribou tout l'hiver. Ils parcouraient en raquettes tout le Grand Nord québécois, parfois jusqu'à la baie James, où ils mariaient leurs filles. Cet immense territoire du Nitassinan, les autochtones le connaissaient comme le fond de leur poche et pouvaient nommer dans leur langue tous les lieux, rivières et lacs qui s'y trouvaient.

Poursuivant mon périple, je repris en bateau le chemin à rebours et m'arrêtai tout le long de la côte, au rythme lent des caboteurs. Le paysage de ce territoire est d'une beauté sauvage. Les fiords, la toundra, la mer, des espaces infinis, de la liberté à pleins poumons! À Natashquan vivent deux communautés: des pêcheurs acadiens et des autochtones. Les oblates y tenaient une école pour les Innus. Le soir de mon arrivée, des familles vinrent saluer le visiteur. Dans la grande salle de la maison des missionnaires, les gens s'étaient assis par terre le long des murs. Ils saluaient gentiment en souriant, sans jamais nous regarder. En effet, regarder quelqu'un dans les yeux est pour eux un geste de défiance ou d'arrogance. Il faut baisser les yeux. Durant une partie de la veillée, assis sur une chaise berçante, je fus ainsi accueilli sans que personne ne me parle. J'avoue que pour un verbomoteur comme moi, la situation était gênante. Le lendemain, j'étais seul; les oblates étaient à l'école. Arrive un solide gaillard dans la jeune vingtaine :

— Je suis venu te voir, me dit-il en français.

Je l'invite aussitôt à prendre place. Je me souvenais de ce que Joveneau m'avait recommandé :

— N'essaie pas de parler; ils vont t'observer, mais ne force pas la conversation.

Durant deux heures, nous nous sommes bercés doucement en regardant l'immensité de la mer. Soudain, il se lève :

— Ma femme m'attend pour le dîner.

Je le remercie de sa visite, déconcerté. Vers quatorze heures, il revient, et tout se passe comme le matin, le silence rythmé par le cric crac de nos chaises berçantes. Le soir, mon ami s'amène de nouveau :

— Ma femme t'envoie cette banique[35] qu'elle a fait cuire.

Il repart aussitôt. Ouf ! Le lendemain, le revoilà. Cette fois-ci, il entame la conversation. En bon chasseur, il m'avait observé et apprivoisé, à l'instar du renard avec le Petit Prince. Ce matin-là, mon nouvel ami me partagea son vécu. Il avait étudié au collège à Sept-Îles, avait vécu de l'intimidation, du rejet raciste : « Maudit sauvage ! » Il avait pratiqué la boxe pour pouvoir faire sa place parmi les autres, doté qu'il était d'un gabarit assez impressionnant. J'avais devant moi un géant anéanti qui, durant deux heures, me raconta son humiliation, sa souffrance, son rejet par la société blanche. Il pleura amèrement et longuement. J'étais effondré; voilà donc ce que ce jeune Innu voulait partager avec moi ! Le lendemain, je repartis de Natashquan sur le *Fort Mingan*, et mon jeune boxeur était à bord, avec sa

35. Pain sans levain cuit sur la braise dans le sable.

femme et son enfant. Ils allaient à Sept-Îles. Tout au long du trajet, il se tenait à mes côtés en silence, mais je trouvais maintenant du bonheur à cette présence sans mots.

Prochaine destination : Latacunga, en Équateur, via Cuba

Le temps était venu d'entreprendre le voyage vers l'Équateur. Ma découverte des Innus me servirait d'introduction au monde autochtone de l'Équateur. Au Québec, les mesures de guerre étaient en vigueur ! Octobre 1970 fut le théâtre de la plus importante crise politique, qui culmina en l'occupation du Québec par l'armée canadienne. Dans le Nord québécois, ces nouvelles m'avaient quelque peu échappé, alors que l'armée avait arrêté des centaines de personnes et que nos libertés étaient restreintes. Or, j'avais emporté mes livres marxistes en voyage et pris le temps de les lire attentivement et de les annoter dans mes longs moments d'inactivité. Que faire maintenant ? Si on découvrait ces livres dans mes bagages, je risquais d'être arrêté comme terroriste. Moi qui avais vécu la dictature en Haïti, je prenais soudain conscience que, dans mon propre pays que je croyais à l'abri de ces abus, la situation avait brusquement pris une tournure totalement imprévisible. J'expédiai mes livres par la poste et revins à Trois-Rivières sans autres aventures.

Le voyage en Amérique latine se déroula comme suit. J'avais pris l'engagement de prêcher des exercices spirituels aux oblates de langue espagnole. Ma première escale était Cuba où, sous la conduite de Rose Matthieu, les missionnaires cubaines essayaient de prendre leur place dans la nouvelle société révolutionnaire. À cause du blocus économique, la seule porte d'entrée à Cuba était alors le Mexique, qui maintenait un lien aérien avec l'île.

À La Havane, je logeais à l'hôtel avec un statut de touriste. Le jour, j'allais échanger et discuter avec les membres de l'Institut. Il fallait agir discrètement, car je n'étais pas autorisé à exercer une activité religieuse. Ce fut une rencontre très stimulante, où l'on parlait de *l'homme nouveau* que la Révolution aspirait à faire advenir. La situation était difficile à cause du rationnement des biens de première nécessité. Les oblates cubaines vivaient dans la joie ces privations et voulaient contribuer à remettre leur pays sur pied.

À mon retour au Mexique, je dus me défaire de mon passeport, car à cette époque l'Équateur refusait de recevoir des voyageurs en provenance de Cuba. Je sollicitai un nouveau passeport à l'ambassade du Canada et atterris à Quito le 9 décembre. Je n'avais pas prévenu l'évêque Ruiz de la date de mon arrivée; je pris donc un autobus en direction de Latacunga, à une heure et demie de route dans les Andes. Quels paysages! Des volcans en file surplombant la cordillère, des champs cultivés sur les flancs des montagnes, des routes sinueuses où chaque nouveau virage nous émerveille. J'étais arrivé à ma nouvelle destination, et l'on m'y reçut avec beaucoup d'affection.

Le monde des Quichuas

Latacunga, Équateur

En novembre 1970, à peine arrivé à Latacunga, petite ville andine au pied du volcan Cotopaxi, on me confia la pastorale des jeunes; je devais mettre sur pied la Jeunesse étudiante catholique (JEC) auprès de collégiens et collégiennes métis qui se préparaient à enseigner aux enfants des paysans quichuas. Les écoles pour autochtones manquaient de moyens; les enseignants allaient donner quelques cours par semaine à l'élémentaire dans des huttes de paille sans fenêtres sur l'*Altiplano*[36]. L'Éducation nationale n'assumait que très peu son rôle auprès des masses de paysans analphabètes. La marginalisation des nations autochtones est la même partout, autant dans les Andes qu'au Canada. Ces peuples sont les plus pauvres parmi les pauvres, ils sont marginalisés, privés de tous droits. J'allais bientôt l'apprendre *de visu*.

Une rencontre internationale de la JEC à Lima

Peu après mon arrivée, on m'annonce qu'une rencontre internationale de la JEC allait se tenir à Lima et que j'y étais délégué, avec un étudiant du secondaire du nom de Staline. Ça promettait! Je n'avais jamais participé à ce mouvement

36. Les hauts plateaux andins.

d'Action catholique[37] durant mes études et j'étais totalement ignorant de la réalité de l'Équateur. La rencontre dura dix jours, sous la responsabilité d'un brillant étudiant universitaire, Washington Uranga, aujourd'hui journaliste en Argentine. Jour après jour, en écoutant les délégations de chaque pays faire l'analyse de leur réalité nationale avec la méthode du *voir, juger, agir*, je commençais à découvrir les mécanismes qui créent la pauvreté, maintiennent les peuples dans la dépendance et empêchent le véritable développement. Je découvrais l'importance de comprendre le monde dans lequel nous vivions, la nécessité pour le travail pastoral de bien analyser la réalité sociale. La pauvreté n'était pas un phénomène naturel, mais bien social. J'allais revenir à Latacunga mieux préparé, grâce à Washington et à Staline. De jeunes Latino-Américains m'ont initié à l'analyse sociale et ont contribué à ma formation comme militant.

Durant nos débats, un questionnement revenait continuellement. Les jeunes de l'Action catholique se conscientisaient et se politisaient en réfléchissant ensemble sur la réalité : le *voir, juger, agir* est une méthode qui aide à prendre conscience des causes des injustices. Or, quand quelqu'un prenait parti et décidait de s'impliquer, il était très souvent rejeté par sa communauté chrétienne. Il devenait un révolutionnaire, un contestataire. On observait que les Églises étaient inaptes à accompagner les jeunes qui voulaient changer le monde et qui s'impliquaient politiquement. Durant cette période révolutionnaire, nombreux étaient ceux qui quittaient l'Église après avoir été formés dans les mouvements d'Action catholique. Notre théologie traditionnelle proposait une aide charitable aux pauvres plutôt que de travailler à l'éradication de la pauvreté. Voilà un des défis que je me suis donné depuis cette rencontre : accompagner les chrétiennes et chrétiens militants pour que leur foi en Jésus les dynamise dans leurs engagements au service des opprimés.

---

37. L'un des mouvements de l'Église catholique dont l'objectif est de promouvoir la doctrine sociale par l'action des laïques dans différents milieux de vie.

Un premier contact brutal

Ma première rencontre avec les communautés des hauts plateaux n'allait pas être banale. Les Quichuas vivent de culture vivrière (pommes de terre, maïs, gourganes, oignons) et d'élevage de petit bétail (lamas, moutons et cochons d'Inde). Les meilleures terres de la vallée, situées à environ 2500 mètres d'altitude entre les deux cordillères qui traversent l'Équateur du nord au sud, appartiennent traditionnellement aux grands propriétaires métis; les *Indios*, eux, sont repoussés depuis des siècles sur les terres en altitude, à plus de 3000 mètres, jusqu'aux neiges éternelles.

Un bon dimanche, l'évêque me demanda d'aller inviter les communautés des hauts plateaux à une formation sur l'élevage des moutons. Par l'intermédiaire de Caritas, on avait importé des moutons reproducteurs d'Australie et on organisait, sous l'égide de l'Église diocésaine, un cours d'une semaine pour des délégués de communautés autochtones qui voudraient ainsi améliorer leur cheptel ovin très dégénéré. Comme je ne parlais pas le quichua, Sara, une religieuse, m'accompagnait comme interprète. Me voilà donc parti recruter des stagiaires sur les hauts plateaux pour un cours de « moutonologie ». À voir les réactions sur les visages, je me rendais compte que les gens étaient méfiants, voire contrariés. Je demandais à rencontrer les autorités du hameau et délibérais par l'intermédiaire de ma traductrice. Lors de la visite à la troisième communauté, je sentis la soupe chaude. Une centaine de personnes en furie entourèrent la jeep dès notre arrivée. J'essayai de prendre la parole, mais les visages étaient crispés et hostiles. Les gens avaient bu et manifestaient de l'agressivité. Impossible de reculer. Un homme m'interpella en espagnol :

— Tu es qui, toi ? Tu crois avoir la solution à nos problèmes ? Nous n'avons peut-être pas de lettres [faisant allusion à leur analphabétisme], mais nous avons de la mémoire. Des curés, on connaît ça par ici.

Je ne comprenais absolument pas à quoi il faisait allusion, mais j'étais glacé de peur. Les gens devenaient de plus en plus belliqueux et s'approchaient, menaçants. Sara, blanche comme un linge d'autel, leur parlait doucement en quichua; je crois bien qu'elle a été mon ange gardien ce jour-là. Soudain, elle me fit signe de sauter dans la jeep et, en panique, nous avons fait marche arrière jusqu'au chemin public. Une bouteille vint atterrir dans le parebrise, mais nous étions saufs. Je venais de faire mon entrée missionnaire dans les Andes.

Le lendemain, le chef de la communauté vint présenter ses excuses à l'évêché. Il n'était pas sur place la veille. Le propriétaire terrien avait colporté aux paysans qu'un curé communiste allait essayer de les attirer en ville pour venir leur voler leurs terres en leur absence. Il avait fourni l'alcool pour les soûler. J'étais attendu de pied ferme. J'appris aussi que des communautés religieuses de la région, durant des siècles, avaient «possédé» des terres et des Indiens, qu'elles avaient traité durement leurs serfs et leur donnaient même du fouet jusqu'à tout récemment. De toute évidence, les autochtones n'avaient pas oublié. J'allais vite me rendre compte que leur situation était intolérable.

Des siècles d'oppression

Dans le plus grand dénuement, avec des terres exposées au froid, aux vents et aux pluies des hauts plateaux, dans des huttes de paille humides et obscures, sans accès à des écoles dignes de ce nom, souvent sans routes, sans eau potable, les Quichuas vivaient depuis cinq cents ans comme les esclaves de propriétaires terriens sans scrupules, aliénés par une religion catholique qui leur réclamait dîme et offrandes pour le maintien du culte et les gardait dans la soumission. Le clergé faisait trop souvent partie des oppresseurs de l'Indien. Les paysans devaient payer la dîme avant de se confesser et de communier à Pâques; au curé, ils offraient les prémices de la récolte; ils étaient soumis à des travaux communautaires, sans aucune rémunération, pour la construction de chapelles ou autres bâtiments de l'Église; tout service religieux, du baptême aux funérailles, avait son tarif.

La première Constitution de la République, à l'article 68, désignait les curés comme «tuteurs et pères naturels de l'innocente, vile et misérable race indigène[38]». La religion catholique étant alors religion d'État, l'Église a constitué un pilier de la domination espagnole sur les populations autochtones, et cela ne sera remis en question qu'à la Conférence latino-américaine des évêques à Medellín, en 1968.

Envoyé à Pujilí

Une fois cette première expérience traumatisante avalée avec une ponce de gin, l'évêque me propose d'aller vivre à Pujilí, un village tristounet de murs de briques en terre séchée, aux rues étroites pavées de pierres, avec une grande église coloniale sombre, aux murs très épais. Un sympathique compagnon équatorien, Holguer, et moi sommes présentés par l'évêque le dimanche suivant à la grand-messe, dans une église remplie à ras bord d'autochtones en ponchos rouges. À l'avant, des personnalités du village: maire, notables et punaises de sacristie toutes de noir vêtues et voilées de mantilles de dentelle. Holguer et moi concélébrons sans habits ecclésiastiques.

— Je viens aujourd'hui vous présenter les deux prêtres qui seront à votre service. Ils ne sont pas revêtus de soutane, pour vous indiquer que les choses vont changer. J'envoie ces prêtres pour desservir d'abord les 35 communautés quichuas de la paroisse, qui ont été trop délaissées dans le passé. Il faudra vous habituer à ne pas les voir beaucoup au village; ils passeront l'essentiel de leur temps dans les communautés rurales.

38. Giovanni Ferrò, *Taita Proaño: El caminar de un obispo entre los indios del Ecuador* (Père Proaño: le cheminement d'un évêque parmi les Indiens de l'Équateur), p. 65-67.

Le message de l'évêque était clair : il donnait la priorité aux autochtones.

Les dimanches, jours de grand marché, je me tenais au bureau du presbytère pour recevoir les paroissiens qui descendaient à pied avec leurs lamas chargés de produits à vendre. Des femmes aux pieds nus, ployées sous des kilos de produits, portant au dos un nourrisson et traînant deux ou trois enfants collés à leurs jupes, souriaient tristement. Ces personnes venaient offrir les honoraires d'une messe, fixer la célébration d'un baptême ou d'un mariage. Pour se faire comprendre par le prêtre, elles payaient un métis bilingue du village et, accompagnées de ce faux avocat, elles entraient timidement dans le bureau, s'agenouillaient et baisaient la main bénite du *padrecito*[39]. Lorsqu'ils nous donnaient la main, les hommes prenaient soin de l'envelopper de leur poncho pour ne pas nous souiller avec leurs mains rugueuses de paysans. J'étais sous le choc ! Un tel abaissement me paraissait totalement déplacé. Ils n'avaient pas à payer pour venir me parler. À l'avenir, je mettrais fermement à la porte ces « intermédiaires » opportunistes.

— Monsieur, dis-je au paysan, vous êtes un homme honnête, vous travaillez dur et vous avez droit au respect. Je suis votre frère; donnez-moi la main comme à un homme. Vous parlez assez bien l'espagnol; moi, je suis ignorant, je ne connais pas le quichua. Mais je vous promets que je vais l'apprendre.

Avec mon confrère, nous décidons de mettre un terme à ces coutumes coloniales et patriarcales avilissantes : j'avais été rebuté par la manière dont les prêtres s'adressaient aux paysans en les tutoyant et en les appelant *mi hijito, mi hijta*, « mon petit enfant ». Cette attitude condescendante révélait un racisme profond.

Le presbytère disposait de grandes chambres inoccupées au premier étage; elles furent mises à la disposition des

39. Diminutif de « père », employé pour s'adresser aux prêtres.

familles qui, la veille des marchés, arrivaient en pleine nuit et dormaient à l'extérieur, exposées aux intempéries. Avec Coronita, une religieuse colombienne qui vivait depuis une trentaine d'années au milieu des autochtones, je me mis à l'apprentissage de la langue des Incas. J'avais du mal à comprendre que, pour les prêtres du diocèse, l'apprentissage du quichua n'était pas une priorité. Un seul parmi eux savait le parler. Depuis cinq cents ans, on avait annoncé une soi-disant bonne nouvelle en espagnol, un langage qui leur était étranger.

La religion populaire

Notre paroisse s'étendait jusqu'au sommet des Andes et chaque matin, je me rendais à Isinchi célébrer une messe à l'Enfant-Jésus. Tous les jours de l'année, une famille autochtone différente réunissait parents et voisins pour un pèlerinage à cette chapelle coloniale décorée de magnifiques peintures du dix-huitième siècle. L'enfant Jésus y était considéré comme miraculeux, car il grandissait, disait-on. En fait, la propriétaire avait vendu la statue patrimoniale d'un Jésus colonial de la chapelle à un collectionneur pour une grosse somme d'argent et l'avait remplacée par un Jésus de plâtre kitch un peu plus grand. D'où le miracle de l'enfant qui grandissait. Avec ma mentalité iconoclaste, vous comprendrez que je n'accordais pas beaucoup de foi à ces dévotions. Pourtant, un paysan m'avait mis en garde :

— Ne touche jamais aux coutumes des *naturels*.

Alors qu'au Québec nous avions délaissé les dévotions et les neuvaines, en Équateur, je baignais dans la religion populaire, l'encens et l'eau bénite. Avec mon compagnon Holguer, nous avions décidé de respecter les gens dans leurs croyances et de profiter des contacts que cela nous procurait pour faire la lumière sur les problèmes de fond qu'ils vivaient. Ainsi donc, chaque matin, sur des chemins de pierres et de sable dans une coccinelle Volkswagen, j'allais fêter le « petit Jésus ». J'y trouvais immanquablement un saint Joseph, une vierge Marie, des rois mages montés sur des lamas, accompagnés de bergers véritables avec leurs moutons. Après la messe, nous sortions en procession, pataugeant dans la boue et le crottin avec mon aube blanche, en chantant des cantiques de Noël. Les anges dans nos campagnes, quoi ! Une fanfare de cuivres accompagnait l'enfant Jésus de ses pompes bruyantes, et les pétarades de feux d'artifice retentissaient dans les montagnes.

À Pujilí avec Léo Deshaies, missionnaire laïque en 1971

Procession de l'enfant Jésus

Ces fêtes religieuses auxquelles les gens étaient très attachés leur coûtaient les yeux de la tête. La chapelle appartenait à une propriétaire terrienne qui exigeait la part du lion: il fallait payer pour le tapis rouge, la fanfare, la chorale composée de ses trois filles, sans oublier de payer le curé qui se déplaçait. Les pauvres se saignaient pour une fête qui durait parfois une semaine avec des invités, de la nourriture et du lave-tripes. Cela donnait lieu à des soûleries collectives, à des violences, et constituait un facteur d'appauvrissement dramatique. Une véritable exploitation!

Un bon matin, je décide de sortir l'enfant Jésus de sa châsse dorée. Je le tiens sur un bras et m'approche d'une jeune maman, qui tenait un magnifique bébé aux joues rouges et aux yeux noirs brillants.

— *Guagua cuhai* (Donne-moi le petit).

— Il va pleurer, me répond-elle nerveusement.

Je tiens le petit sur l'autre bras.

— Mes amis, vous êtes venus ici vénérer l'enfant Jésus.

Tous, silencieux, me regardent, impénétrables. J'ai deux enfants dans les bras:

— Lequel vous apparaît comme le plus important?

— L'Enfant-Dieu, *taita amito*[40].

— Venez, Madame, touchez. De quoi est faite la statue de l'enfant Jésus?

Elle touche timidement.

— Elle est en plâtre.

— Et maintenant, touchez-moi ce poupon. Est-il en bois? (Rires). Vous avez une belle dévotion, vous venez rendre hommage à l'enfant Jésus que voici; mais ceci n'est qu'une image. L'enfant qui est le vôtre vaut beaucoup

40. Petit maître.

plus que cette belle image. Regardez-moi ce bébé, il est magnifique! Vous êtes des croyants, des gens qui servez le Créateur avec une grande foi. Vos enfants sont des enfants de Dieu, en chair et en os. Vous dépensez beaucoup pour cette fête, et les propriétaires terriens ainsi que le curé profitent de vous. Cela ne peut plus durer. Dieu n'a pas besoin de votre argent; il veut que vous viviez comme des humains, pas comme des animaux. Désormais, vous n'aurez plus à payer le curé pour vos dévotions; ce sera gratuit, et vous pourrez déposer une offrande dans un tronc de l'église selon vos moyens. À l'avenir, nous allons demander à la propriétaire de remettre la chapelle à la paroisse. Nous ne voulons pas d'une religion qui abuse des pauvres. Voyez vos femmes, elles vont nu-pieds alors que vous, les hommes, allez chaussés. Vos enfants sont sous-alimentés. La volonté de Dieu exige que vous mettiez vos ressources au service de vos êtres chers.

Le responsable de la fête se leva dignement; il demanda la parole et me remercia de lui avoir ouvert les yeux. Il pleurait abondamment en demandant pardon. L'affaire eut des répercussions: la propriétaire de la chapelle hurla son indignation; elle nous empêcha de retourner dans sa chapelle et fit venir à ses frais de pieux religieux de la ville pour nous court-circuiter. L'évêque imposa l'interdit sur le lieu de culte, et la bonne dame dut renoncer à cette source juteuse de revenus. Nous avions touché à un mal qui rongeait l'Église depuis des siècles: l'alliance des puissants et des riches avec le clergé. Mais bien des curés nous reprochaient de vouloir ruiner la «meilleure» paroisse du diocèse.

Les militaires chassent le président Velasco

Le 14 février 1972, un soir de grand déluge où même les rats étaient terrés dans leur trou, je fus réveillé par une musique militaire à plein volume. Boum, boum! Boum, boum! J'avais beau regarder par ma fenêtre qui donnait sur la place centrale de Pujilí, tout était noir et la pluie tombait en trombes.

Soudain, perçant ce vacarme de tempête, une voix éraillée gueula dans les haut-parleurs de la mairie d'en face :

— Attention, attention, gens de Pujilí, le président Velasco Ibarra vient d'abandonner son poste et a fui lâchement le pays en avion.

Musique militaire. Une demi-heure plus tard :

— Attention, attention ! Devant l'abandon du pays par Velasco, le général Guillermo Rodriguez Lara, avec l'esprit patriotique qui le caractérise, a accepté de prendre les rênes du pouvoir.

Les militaires venaient de réussir un coup d'État, et le nouveau dictateur se trouvait à être notre voisin immédiat. En effet, le général était natif de Pujilí et possédait de grandes terres aux confins de la paroisse. Sa résidence au village jouxtait la nôtre. Le coup d'État se fit dans un calme relatif, sans massacres ni dérapages violents, car la répression visait le parti de Velasco. Le général se définissait comme un partisan d'une gauche modérée et souhaitait que le pétrole de l'Équateur serve au développement des infrastructures du pays.

Le village de Pujilí prépara alors une grande réception. Le maire, beau-frère du général, y mit le paquet. On organisa un défilé des élèves en uniforme. Or, les propriétés du général occupaient un grand territoire où vivaient quelque 2500 Quichuas, qui étaient ses serfs. Ses terres et sa ferme étaient situées à dix-huit kilomètres du village, avec un chemin de terre en très mauvais état. Dans ce *huasipungo*[41] de Juihua, il n'y avait pas d'eau potable et pas d'école. Le conseil des anciens vint me rencontrer avant la fête : les Quichuas voulaient défiler devant leur patron et en profiter pour demander des améliorations à leurs conditions de vie. J'acceptai volontiers de défiler avec eux, vêtu à l'indienne d'un poncho rouge et d'un chapeau.

---

41. Le *huasipungo* est un système féodal maintenu par les grands propriétaires terriens. Les paysans y travaillent sans salaire et reçoivent en échange de leur labeur l'usufruit d'une parcelle de terre de mauvaise qualité, d'où ils doivent tirer leur subsistance. Giovanni Ferrò, *op. cit.*, p. 66.

Mais monsieur le maire ne l'entendait pas ainsi : on ne va tout de même pas laisser défiler des *ponchos*. Pas question ! J'appelai l'évêque Ruiz, qui était un ami du général; il intervint auprès de celui-ci, lui demandant de laisser marcher les autochtones. Le général accepta, à condition qu'il n'y ait pas de revendications. Avec les jeunes de la JEC, nous avions fabriqué une banderole sur laquelle on pouvait lire : « Les 2500 paysans de Juihua, sans route, sans eau et sans école, saluent le président de la République. » Lorsque nous sommes arrivés près de la place, les services de sécurité nous arrachèrent la banderole. Devant la tribune où trônaient les autorités, je saluai le général de la main. Ce fut un éclat de rire dans la galerie de voir le *gringo* affublé d'un poncho rouge. Profitant de cette distraction, j'ouvris une brèche dans la haie de soldats pour monter saluer le président, faisant passer rapidement avec moi le chef autochtone. Devant ce parterre tout mielleux, je demandai au général de bien vouloir écouter les vœux de ses Indiens. Le dirigeant autochtone prit le micro et, de façon diplomatique et habile, avec humour, il mit au défi le nouvel homme fort de l'Équateur de commencer par faire les réformes annoncées dans sa propre maison. Le président Rodriguez dut s'engager, devant toute la galerie, à donner le bon exemple.

L'évêque des Indiens

L'équipe de la Jeunesse étudiante chrétienne réunissait des métis qui prenaient conscience du racisme dans lequel ils avaient été élevés et participaient avec enthousiasme et créativité à sensibiliser la population du village pour que ce racisme puisse être combattu. L'un d'eux, que je retrouverai à Paris quarante ans plus tard grâce à Internet, me disait à propos de cette époque :

— Tu m'as fait découvrir la réalité des Indiens quand j'avais dix-sept ans, alors que je les côtoyais depuis ma naissance. Nous ne voyions pas la réalité qui nous entourait. Plus tard, je suis devenu anthropologue et j'ai consacré ma vie à faire connaître les communautés quichuas.

Une rencontre de formation avec ces étudiantes et étudiants eut lieu près de Riobamba, dans un Centre de formation autochtone. Là, j'allais rencontrer celui dont j'entendais parler depuis mon arrivée, l'évêque Leonidas Proaño, un homme qui avait consacré son ministère à améliorer la vie des autochtones et à lutter contre le racisme dont ces communautés étaient victimes depuis les temps de la Colonie. C'était un homme d'une grande simplicité, et son discours évangélique inspirait toute personne assoiffée de justice. Nous écoutions avec avidité les paroles qu'il nous adressait; il nous inspirait par sa sagesse et son courage.

Ses confrères évêques, par contre, lui étaient en général assez hostiles et le regardaient de haut, avec l'heureuse exception du cardinal de Quito et de notre évêque, Mario Ruiz, qui l'appuyaient. L'ambassadeur du Vatican en Équateur, le nonce apostolique Accogli, menait une campagne de dénigrement à Rome contre Proaño, y acheminant de nombreuses accusations qui se révélèrent par la suite fausses et sans fondement; il tentait d'obtenir son expulsion de Riobamba, obéissant aux souhaits des propriétaires terriens. Les jeunes de l'Action catholique organisèrent des manifestations et des lettres d'appui, qui furent envoyées aux autorités de l'Église pour que l'on ne touche pas à l'évêque des Indiens. Proaño continuait son chemin avec détermination et humilité. Je découvrais un prophète, que la vie m'a fait recroiser des décennies plus tard et dont l'influence sera déterminante dans mon cheminement personnel.

Les droits des autochtones bafoués

Quand on arrive dans un nouveau pays, on est parfois choqué par certains comportements auxquels les gens ne prêtent pas attention parce qu'ils s'y sont habitués. Ainsi, en explorant peu à peu la province du Cotopaxi, je ne m'expliquais pas que les prêtres équatoriens ne ressentent pas le besoin de parler le quichua avec les autochtones, qui formaient une grande partie de la population.

Les paysans eux-mêmes avaient honte de parler leur langue et s'efforçaient de bredouiller l'espagnol. Le racisme était partout. Un soir que je revenais de Quito dans un autobus interurbain bondé, un groupe de métis sur le bord de la route fit signe au chauffeur d'arrêter pour monter. Comme il n'y avait plus de place, celui-ci tout naturellement désigna une famille quichua et lui demanda de descendre. Les autochtones s'exécutèrent, et l'on fit monter les métis. Je me levai, furieux, et descendis de l'autobus. Embarrassé, le chauffeur me pria de remonter; j'insistai pour que la famille quichua remonte avec moi. Couramment, on demandait à des autochtones de céder leur siège à des métis. Des dames chargées d'enfants se levaient et continuaient debout le voyage qu'elles avaient bel et bien payé.

Un matin survinrent trois hommes avec un jeune étendu sur une civière improvisée. Il souffrait d'une péritonite aiguë, et on me demanda de lui donner les derniers sacrements. Le garçon avait seize ans; il était fiévreux, son ventre était enflé et violacé; il se tordait de douleur.

— Il est orphelin, nous l'avons pris en élève dans notre famille. Nous revenons de l'hôpital de Latacunga; ils nous ont donné des aspirines pour calmer la douleur et nous ont dit de le ramener mourir chez lui.

Mon sang ne fit qu'un tour.

— Ça ne se passera pas comme ça. Allons sur la route et stoppons un véhicule. Nous retournons à l'hôpital.

Un camion accepta de nous y emmener; le pauvre garçon gémit tout au long des quinze kilomètres de route en mauvais état, couché dans la boîte du camion.

À l'entrée de l'urgence, une employée s'empressa de nous avertir que nous ne pouvions pas entrer. Le chirurgien se préparait à partir.

— Vous avez renvoyé ce jeune homme parce qu'il est autochtone et pauvre; vous allez l'opérer tout de suite. Sinon, vous ferez face à une poursuite pour manque de secours à une personne en détresse. Il en va de votre serment, docteur !

Le médecin accepta, embarrassé. Le lendemain, quand j'arrivai à l'hôpital pour le visiter, notre garçon, souriant, avait arraché les tubes qu'il avait dans le nez et il voulait s'en aller. Il était sauvé ! Avec les dirigeants de la communauté, nous avons par la suite analysé cette situation.

— Cessez de courber l'échine et ne vous laissez pas mépriser. Comme agriculteurs, vous produisez les aliments pour tout le peuple de l'Équateur, vous êtes des citoyens, faites respecter vos droits, unissez-vous !

Ce fut le dernier évènement que j'ai vécu à Pujilí.

Bilan d'une courte mission

Mon séjour en Équateur fut très bref; à la fin de ma deuxième année, le soir de Noël, on m'hospitalisait à Guayaquil, une ville tropicale au climat torride. Les fièvres typhoïdes allaient me garder au lit presque jusqu'à Pâques; cette maladie me laissa très affaibli. Je rentrai au Québec pour un repos prolongé, sans avoir eu le temps de réaliser un travail en profondeur.

La vie est une merveilleuse maîtresse : en quelques mois, elle m'avait initié à l'analyse sociale et m'avait introduit au monde des Premières Nations et à leurs aspirations à vivre sur leurs terres en toute dignité et liberté. En Haïti, j'avais appris à m'indigner devant les injustices, sans savoir pourquoi celles-ci existaient. Maintenant, je commençais à comprendre dans quel monde je vivais. Et ce sont les collégiens de l'Équateur qui m'ont fait faire ce bond en avant. Aucune université n'aurait pu me faire avancer aussi vite. Maintenant que j'avais vécu le *voir* et le *juger*, il restait à passer à la troisième phase, l'*agir*. Je me sentais maintenant beaucoup mieux préparé à réaliser mon travail de missionnaire.

Proaño, l'évêque des Indiens

Avant de tourner la page sur l'Équateur, je tiens à revenir sur la figure de Leonidas Proaño, prophète et pasteur des Amérindiens[42]. Au moment où nous l'avions rencontré en 1971, il était la cible d'un harcèlement hargneux de la part des élites de Riobamba, les propriétaires terriens principalement, lesquels voyaient la promotion des autochtones comme une menace à leurs intérêts. Les accusations graves qui pesaient sur Proaño parvenaient régulièrement à la Curie romaine qui finira par envoyer, quelques années plus tard, un visiteur apostolique pour enquêter sur son ministère. Il en sortira totalement blanchi et même félicité pour son travail.

Mais que lui reprochait-on en fait? Quand Proaño arriva dans la province de Chimborazo[43] en 1962, le diocèse de Riobamba comptait 276000 habitants, dont 70 % étaient des autochtones quichuas. Ces derniers possédaient un ou deux hectares de terre par famille, alors que les fermes des grands propriétaires dépassaient les 1000 hectares. En 1971, l'évêque nous avait expliqué son objectif pastoral: la libération de l'homme concret de Chimborazo et la construction d'une Église communautaire au service de cette libération.

---

42. J'ai principalement puisé mes informations dans la biographie écrite par Giovanni Ferrò, *Taita Proaño*.

43. Chimborazo: le plus haut volcan des Andes équatoriennes culmine à 6268 mètres d'altitude.

Il nous racontait pourquoi il avait refusé de reconstruire la cathédrale détruite par un séisme:

— Je me suis situé du côté des plus pauvres parmi les pauvres dans leur juste lutte pour leur droit à la terre. La cathédrale que je veux construire ne sera pas faite de pierres, ce sera une cathédrale vivante, une Église vivante due à la naissance du mouvement autochtone qui s'achemine à bâtir une société nouvelle.

Toutes les ressources et tous les efforts de l'Église de Riobamba furent investis dans l'éducation populaire des populations rurales analphabètes. La radio communautaire de Riobamba, avec des relais dans tous les hameaux et villages, a permis aux Quichuas de s'alphabétiser, de s'éduquer, de s'organiser, de communiquer entre eux et de revaloriser leur langue, le quichua, qui est parlée dans les Andes par plus de dix millions d'autochtones, depuis la Colombie jusqu'au nord de l'Argentine.

Le développement de centres de formation, une radio communautaire qui couvrait tout le territoire de la province et un appui moral et financier de l'institution respectée qu'était l'Église diocésaine, tout cela favorisait l'amorce et l'articulation d'un mouvement autochtone organisé qui a lentement pris forme. Les élites de Riobamba sentaient que leur domination séculaire était menacée. Aussi s'en prenaient-elles avec véhémence à celui qu'ils désignaient comme l'évêque communiste, car tout dans leur monde était sur le point de basculer.

Proaño s'en défendait, en rappelant que l'Action catholique lui avait enseigné à analyser la réalité.

— *Voir, juger, agir*. Cette méthode a pris chair en moi. Voir la réalité. La voir en profondeur. Chercher ses causes. Ensuite, porter un jugement sur elle, c'est-à-dire établir une comparaison entre ce qui est et ce qui doit être, entre cette réalité et le plan de Dieu. Enfin, agir, cela veut dire prendre des résolutions pour changer cette réalité en accord avec les plans divins. Lorsque dans les dernières années on m'a qualifié calomnieusement de communiste et de marxiste, je pensais à ces anciens apprentissages de la méthode jociste. Je croyais aussi que mes détracteurs n'avaient pas raison de m'accuser ainsi, car ils ignoraient que depuis de nombreuses années j'avais pris l'habitude de connaître la réalité et de l'analyser pour en arriver, par la réflexion, à de véritables engagements pour le changement.

Taita Proaño, comme l'appelaient affectueusement les Quichuas, rêvait d'une Église intégralement autochtone.

— L'évangélisation [...] n'a pas réussi en cinq cents ans à pénétrer l'âme de la culture amérindienne. [...] Cette déficience évangélisatrice est la cause profonde du fait qu'aucune Église autochtone ne soit apparue jusqu'à aujourd'hui et que l'Église ait été accusée jusqu'à présent d'avoir favorisé l'injuste domination de la culture imposée.

La Conférence épiscopale latino-américaine de Medellín appuyait résolument le sentier difficile que Proaño s'était proposé de parcourir. En effet, les évêques ne suggéraient rien de moins que de « défendre, selon le commandement évangélique, les droits des pauvres et des opprimés[44] » et « dénoncer énergiquement tous les abus et injustices provoqués par les inégalités excessives entre riches et pauvres, entre puissants et faibles ». Les pasteurs terminaient en s'engageant personnellement : « Nous désirons que nos maisons, notre style de vie soient modestes ; que notre façon de nous vêtir soit simple ; que nos œuvres et institutions fonctionnelles soient sans apparat ni ostentation[45]. » Ces résolutions se traduisaient dans la vie de l'évêque des Indiens et ne furent jamais des vœux pieux.

---

44. *Document de Medellín*, Paix, n°s 21 et 22.
45. *Document de Medellín*, Pauvreté de l'Église, n° 3.

Proaño délégué au synode romain

En 1971, le pape Paul VI convoqua à Rome un synode pour discuter de la vie des prêtres et de la justice dans le monde. La crise du clergé était très profonde: après le Concile, en effet, des dizaines de milliers de prêtres ont quitté leur ministère, souvent pour se marier. Depuis 1967, selon les données du Saint-Siège, plus de 70000 prêtres ont quitté le ministère. Ce chiffre est conservateur; il y en aurait de 80000 à 100000 selon les organisations de prêtres mariés.

À Quito, la Conférence des évêques se réunit pour nommer deux délégués au synode. Les prêtres équatoriens voulaient que Proaño les représente, en raison de son engagement social et de sa position sur le célibat des prêtres. Celui-ci constatait que le célibat obligatoire était un obstacle à une Église autochtone et, année après année, il demandait à Rome l'autorisation d'ordonner des hommes mariés. Des centaines de prêtres se réunirent alors dans l'édifice de la conférence épiscopale à Quito; en assemblée générale, ils déléguèrent leurs représentants pour rencontrer la conférence épiscopale, argumentant que, si le synode allait parler de la vie des prêtres, il était normal que ceux-ci puissent choisir les évêques qui les représenteraient. On exigeait que Proaño soit du nombre. Les prélats se braquèrent et refusèrent tout dialogue avec leur clergé. Finalement, pour résoudre le conflit, le pape Paul VI intervint et nomma l'évêque de Riobamba de son propre chef[46]. Proaño eut une très grande influence dans la rédaction par les délégués au synode du document romain *La justice dans le monde*, publié sans avoir été censuré par la Curie romaine. Ce texte affirme solennellement:

> Le combat pour la justice et la participation à la transformation du monde nous apparaissent pleinement

46. Il est intéressant de noter qu'à ce même synode les évêques canadiens, par la voix du cardinal George B. Flahiff, archevêque d'Edmonton, proposèrent la mise sur pied d'une commission internationale pour étudier la question de l'accès des femmes à la prêtrise.

comme une dimension constitutive de la prédication de l'Évangile, qui est la mission de l'Église pour la rédemption de l'humanité et sa libération de toute situation oppressive[47].

Riobamba, deux décennies plus tard

J'ai quitté l'Équateur en avril 1972, mais l'Équateur, et surtout les communautés quichuas, ne m'ont pas quitté pour autant. Ce n'est que vingt ans plus tard que j'y retournerai, avec 22 étudiantes et étudiants du Québec. Je travaillais alors comme animateur spirituel au Mouvement des étudiants chrétiens du Québec (MECQ), dans les milieux collégial et universitaire.

Dans la région de Montréal, à l'été 1990, éclata la crise d'Oka; durant soixante-dix-huit jours, les Mohawks de Kanesatake et de Kahnawake affrontèrent la police provinciale et l'armée canadienne pour défendre leur autonomie. Ces évènements largement médiatisés et hypocritement manipulés par les gouvernements ont provoqué une grande animosité dans la population québécoise et une poussée importante de racisme à l'égard des autochtones des onze nations qui habitent le Québec. Le MECQ ayant participé aux mobilisations qui appuyaient les revendications autochtones, nous avions décidé de réaliser un stage en milieu autochtone en Équateur avec des étudiantes et étudiants du Québec, afin de changer leur regard sur les Premières Nations. Durant l'année scolaire 1990-1991, nous avons préparé deux groupes, l'un à Chicoutimi et l'autre à Québec, et nous nous sommes rendus en Équateur en juillet pour une période de sept semaines. Ce voyage a marqué profondément les choix de vie que les stagiaires ont faits par la suite.

---

47. *La justice dans le monde*, n° 7 [en ligne]. [discours-social-catholique.fr/index.php?id=142#letexte] (12 décembre 2013)

Quelle joie de pouvoir me retrouver dans ce pays vingt ans plus tard et de découvrir tout le chemin parcouru par les autochtones! J'ai pu constater comment le rêve de Proaño avait débordé le cadre de la province de Chimborazo. Des familles accueillirent les universitaires du Québec, qui participèrent aux travaux quotidiens dans les champs. Deux grandes organisations nous reçurent à bras ouverts et partagèrent avec nous leur cheminement, comment ils s'étaient organisés et quels étaient leurs objectifs: ECUARUNARI, la Confédération des Quichuas de l'Équateur, et la CONAIE, la Confédération des nationalités indigènes de l'Équateur, qui coordonne les organisations de toutes les nations autochtones et les organisations noires du pays. Les Amérindiens sont désormais organisés politiquement et luttent pour un État plurinational et interculturel.

Des ateliers avec des paysans quichuas

L'évêque Victor Corral, le successeur choisi par Proaño, que j'avais connu à Latacunga en 1970, m'invita à venir animer des ateliers bibliques pour la formation des responsables de communautés chrétiennes dans les milieux ruraux, autant métisses qu'autochtones. Je me rendis deux fois, en 1992 et en 1993, à la Casa de Santa Cruz. Ce centre de formation pour laïques était l'instrument que le diocèse de Riobamba s'était donné pour former des autochtones capables de réfléchir sur leur foi chrétienne et de l'incarner dans la culture quichua. Mon premier contact se fit avec Delfín Tenesaca, un paysan d'une grande sagacité, alors directeur du Centre de formation pastorale et sociale, maison de Santa Cruz. Il faisait partie des «théologiens en sandales» formés par Proaño en vue d'une Église autochtone. Je restai éberlué de la profondeur de ces gens qui, sans abandonner leur statut de paysans, avaient approfondi la théologie catholique et l'avaient repensée à partir de leurs propres valeurs. Un autre théologien, Carlos Zambrano, releva que Dieu n'était pas arrivé en Équateur avec les Espagnols, comme ceux-ci le prétendaient.

Offrandes à la terre, 1993 — Équateur

— Depuis des millénaires, nous sommes en contact avec le Créateur, *Pachacamac*. Nous vénérons la Mère Terre et nous offrons au Créateur ce qu'elle nous procure. Quand les Européens sont arrivés avec leur arrogance, ils nous ont pris pour des sauvages et nous ont traités de manière barbare. Ils nous assommaient avec leur Bible, prétendant que notre situation d'esclavage était pour notre bien. Nous n'avons jamais été orphelins de Dieu, qui a toujours accompagné nos ancêtres.

Carlos alla étudier le droit à l'Université de Quito, une institution où les Indiens n'étaient pas les bienvenus. On lui demanda d'enlever son poncho pour s'éviter des ennuis, et il refusa carrément.

— J'étudie le droit pour défendre NOS droits. Je suis un Quichua et je suis fier de m'identifier par mon poncho.

Les ateliers qu'il m'a été donné d'animer sur une période d'un mois en internat avec une trentaine d'agricultrices et d'agriculteurs de tous âges visaient, à la demande de l'évêque Corral, à réconcilier les Quichuas avec la Bible, qui leur avait été imposée avec violence et qu'ils avaient des réticences à accepter. Il ne faut pas oublier qu'après l'invasion des Européens en 1492 avec leur « civilisation chrétienne », il se produisit un génocide de 60 millions d'autochtones en Amérique; ce fut le plus grand génocide connu de l'histoire humaine.

Aussi, lors de sa visite au Pérou en 1988, Jean-Paul II a-t-il reçu un cadeau quelque peu inattendu : une Bible !

> Nous, Indiens des Andes et d'Amérique, nous avons décidé de profiter de la visite de Jean-Paul II pour lui remettre sa Bible, parce qu'en cinq siècles elle ne nous a donné ni amour, ni paix, ni justice. S'il vous plaît, reprenez votre Bible et retournez-la à nos oppresseurs, parce qu'eux ont besoin de ses préceptes moraux plus que nous. Depuis l'arrivée de Christophe Colomb se sont imposées à l'Amérique, par la force, une culture, une langue, une religion et des valeurs propres à l'Europe. La Bible nous a été léguée comme faisant partie du changement colonial imposé. Elle fut l'arme idéologique de cet assaut colonialiste. L'épée espagnole qui de jour attaquait et assassinait le corps des Indiens, la nuit se convertissait en croix qui attaquait l'âme indienne[48].

Atelier biblique à Riobamba, 1993 — Équateur

Avec l'objectif de contribuer à leur recherche d'identité, j'ai réalisé une expérience de relecture de la Bible avec des autochtones. Ce sont des gens spirituels et assoiffés d'apprendre. Nous avons relu ensemble les textes de la création de la Genèse, en les comparant aux récits de création que

48. Cité par Elsa TAMEZ dans son article « Biblia y 500 años », dans *RIBLA*, nº 16, 1992, Costa Rica, p. 14.

l'on retrouve dans la culture incaïque. Nous avons relu des textes bibliques décrivant les violences faites aux femmes et nous avons pu réfléchir sur les relations hommes-femmes dans les communautés quichuas; à la fin du cours, les femmes participantes m'ont remercié d'avoir abordé cette problématique. Notre réflexion a aussi porté sur le rôle d'une Église autochtone, en relisant les *Actes des Apôtres* à la lumière des communautés de base. Nous échangions en établissant un dialogue ouvert entre les messages bibliques et la culture autochtone.

Dans la classe ne se trouvaient que des hommes et des femmes de la terre. Contrairement à ce qu'ils vivaient habituellement au quotidien, ils demeuraient assis pendant de longues périodes; le sommeil engourdissait leurs corps habitués au dur labeur agricole, mais ils le combattaient vigoureusement. Si je proposais une pause, ils protestaient aussitôt. Leur soif d'apprendre était impressionnante. Tout était noté soigneusement et lentement dans leurs cahiers, avec des lettres tracées avec effort. L'espagnol leur était laborieux. J'expliquais durant quelques minutes, puis une personne bilingue du groupe reprenait le tout en quichua. À la fin de la journée, j'étais vidé, car je passais des heures à ne rien comprendre, mon quichua étant plus que limité. De temps à autre, je demandais des explications, qu'on me donnait avec patience et respect. On m'exposait comment les textes bibliques parlent à leur culture, à leur réalité. Le benjamin, José, âgé de quatorze ans, était le plus bilingue de tous. Avec vivacité, il aidait les autres à passer d'une langue à l'autre. Quelle belle expérience, cette relecture de la Bible avec ces gens qui possèdent une spiritualité articulée et authentique!

Sumak Kawsay, la Vie en Plénitude

Aujourd'hui, en Équateur, les Premières Nations se sont organisées dans le but de rebâtir leur pays sur des bases nouvelles, en explorant la sagesse traditionnelle. Dans la nouvelle Constitution du pays, les Quichuas ont fait insérer le concept de *Sumak Kawsay* – Vie en Plénitude, concept amérindien qui exprime la vie à son meilleur dans un système communautaire. Il ne s'agit pas seulement d'améliorer le système actuel pour mieux vivre. Luis Macas, qui fut ministre de l'Agriculture, explique que ce concept de «Vie par excellence» n'est pas adaptable au système actuel.

> C'est une proposition pour dépasser ce modèle néfaste dans lequel nous vivons dans le but de construire un modèle communautaire. [...] Il faut transformer fondamentalement les vieilles structures de l'État et les institutions actuelles et construire une nouvelle société, cette fois-ci avec nos propres mains, avec les mains du peuple. Il ne s'agit pas d'une proposition pour les autochtones, mais bien pour l'humanité. Car nous considérons que c'est l'édification d'une option de vie pour toutes et tous[49].

Ces sœurs et ces frères des Andes nous convient à une véritable révolution: bâtir un monde communautaire, où la Mère Terre a ses droits, où tous les êtres vivants sont interreliés et protégés, où les Vivants que nous sommes font partie d'un grand tout. La conception du cosmos du monde quichua, leur *cosmovisión*, est un apport fondamental pour l'avenir de la vie sur terre. Nous ferions bien de les écouter attentivement.

49. Luis Macas, *El Sumak Kawsay* [en ligne]. [decrecimientoybuenvivir.files.wordpress.com/2011/01/sumak-kawsay-luis-macas.pdf] (12 décembre 2013)

Le Chili de Pinochet

À mon retour de l'Équateur, je travaillai les trois années qui suivirent comme vicaire à la paroisse Notre-Dame-de-la-Paix, à Trois-Rivières. L'évêque Pelletier, qui se méfiait des missionnaires, me mit en garde, m'avisant de ne pas importer des idées venues de l'Amérique du Sud, mais il accepta que j'aille travailler dans cette paroisse où plusieurs prêtres avaient refusé d'être assignés.

Questionnements sur la paroisse

Depuis mon séjour en Haïti, jc mc posais bien des questions sur le travail des prêtres en paroisse. Je voulais me retrouver au milieu des défis posés à la société, me battre pour les droits des citoyennes et citoyens appauvris, collaborer à la transformation de la société pour plus de justice sociale. J'étais heureux que notre paroisse n'ait pas d'église, car je ne voulais pas être un gardien du temple. La paroisse comptait environ 5000 «âmes», et nous n'avions de liens qu'avec la centaine de personnes qui fréquentaient la messe. J'étouffais dans l'enclos paroissial, qui me coupait de la vie courante. Un missionnaire ne doit pas se limiter à des actes sacrés; il est au service du monde et dans le monde, au service des plus petits. Je trouvais que le style de vie qu'on exige des prêtres nous isole de la réalité. Cela fait en sorte qu'il nous est difficile de comprendre la vie des gens. Nous ne fondons pas de famille, nous n'élevons pas d'enfants, nous méconnaissons le monde du travail, notre vie affective est castrée, nous travaillons le dimanche alors que tout le monde est en congé et nous vivons de messes et de sacrements, de religion et de dévotions. J'aspirais à un service beaucoup plus incarné dans la réalité et moins centré sur le religieux. J'ai alors décidé de rompre définitivement avec le modèle de la paroisse; c'est ce que j'appelle à la blague «mon divorce». J'ai beaucoup de respect et d'admiration pour ceux qui réussissent de façon exemplaire à fonctionner à l'intérieur de ces structures, mais ce n'était pas ce à quoi je me sentais appelé.

Départ pour le Chili

Au bulletin de nouvelles de Radio-Canada, le soir du 11 septembre 1973, le journaliste Jean Charpentier se trouve sur le toit d'un hôtel surplombant le palais présidentiel de La Moneda, à Santiago du Chili; il commente en direct le coup d'État militaire. L'aviation chilienne bombarde le siège du gouvernement où Salvador Allende résiste jusqu'au bout. La scène est apocalyptique. Voilà donc comment l'on traite les démocraties quand elles n'agissent pas dans l'intérêt des multinationales! Le Chili connaissait un renversement effroyable. À la radio Magallanes, juste avant de mourir, Allende s'adressa à son peuple:

> Travailleurs de ma Patrie, j'ai foi au Chili et à son destin. D'autres surmonteront ce moment de tristesse et d'amertume, alors que la trahison prétend s'imposer. N'oubliez pas que beaucoup plus tôt que tard s'ouvriront de nouveau les grandes avenues par lesquelles déambule l'homme libre pour construire une société meilleure. Vive le Chili! Vive le peuple! Vive les travailleurs! Ce sont mes dernières paroles, et je suis certain que mon sacrifice ne sera pas vain, j'ai la certitude que, pour le moins, ce sera une leçon morale qui punira la fourberie, la couardise, la trahison.

Le bombardement de La Moneda interrompait violemment le projet socialiste en faveur des classes populaires et inaugurait une dictature militaire néolibérale qui allait durer dix-sept interminables années, sous le joug du général Augusto Pinochet. Le putsch fut le moyen utilisé par les élites économiques nationales et étasuniennes pour redonner le pouvoir à la droite. Ma décision fut prise ce soir-là même: je me rendrais au Chili pour rejoindre la résistance. Je communiquai aussitôt avec la Société des Missions-Étrangères à laquelle je m'associai et, le 29 septembre 1975, j'atterrissais au Chili, les dents serrées et les tripes nouées.

J'avais déjà visité le Chili en deux occasions: la première fois à la fin de 1967, invité par les oblates missionnaires à animer des retraites spirituelles, au temps du président démocrate-chrétien Eduardo Frei, puis sous le gouvernement de Salvador Allende, en 1971. J'avais été séduit par ce peuple, ses organisations populaires, sa vitalité politique, ses projets sociaux ambitieux: nationalisation des mines de cuivre, réforme agraire, mobilisations pour le droit au logement social, pour l'accès à la santé. Un souffle de liberté se respirait dans ce pays du bout du monde. J'étais abonné depuis quinze ans à la revue *Mensaje* des jésuites chiliens et je suivais avec attention ce qui s'y passait.

Mais maintenant, tout était en train de changer. Après le coup d'État, les gens se cachaient comme des rats, persécutés et menacés de mort. Les secteurs de l'Église solidaires des masses travailleuses connurent une terrible répression. Selon le théologien Pablo Richard, au moins 120 prêtres catholiques, 30 pasteurs évangéliques, 35 religieux et 200 laïques appartenant au mouvement Chrétiens pour le socialisme furent expulsés du Chili, après avoir été détenus et torturés dans plusieurs cas. On compte dans ce groupe au moins 30 personnes assassinées.

Un *clash* entre le Régime militaire et les Églises

Quelques semaines après mon arrivée, à la mi-novembre 1975, j'assistais à une rencontre du clergé convoquée par le cardinal de Santiago, Raúl Silva Henríquez. Nous étions plusieurs centaines, l'atmosphère était tendue, car plusieurs prêtres se retrouvaient en prison, et la répression s'en prenait aux Églises catholique et luthérienne, très actives dans la défense des droits de la personne par le biais du Comité de coopération pour la paix au Chili (COPACHI).

Voici quelle était la situation. Le secrétaire général du MIR[50], Andrés Pascal Allende et sa conjointe, ainsi que le militant Nelson Gutiérrez, avaient réussi à s'échapper d'un guet-apens de l'armée et avaient trouvé refuge à l'ambassade du Costa Rica et à la nonciature apostolique respectivement. Il s'agissait de gros «poissons» que les militaires voulaient attraper à tout prix. Des prêtres avaient caché et fait soigner Gutiérrez, qui était blessé, et avaient facilité son accès à la représentation diplomatique du Vatican. Le nonce apostolique, furibond, menaçait de le remettre aux autorités. De longues tractations avec la hiérarchie locale et le régime militaire réussirent enfin à leur obtenir des sauf-conduits pour la Suède.

Deux ans après le putsch, la répression ne relâchait pas, et les descentes dans les maisons, les arrestations arbitraires et les disparitions continuaient de plus belle. Devant l'intensité de la répression, repenti d'avoir été favorable au coup d'État mené par l'armée, le cardinal Silva prit le parti de défendre les innombrables victimes de la répression. Avec sa formation de juriste, il joua un rôle déterminant durant cette époque troublée. Aussitôt après le coup d'État, il avait fondé avec l'évêque de l'Église luthérienne, Helmut Frenz, le Comité pour la paix pour défendre les droits des citoyens. Cet organisme irritait au plus haut point les militaires et, le 3 octobre, Helmut Frenz fut expulsé du Chili.

Durant cette réunion houleuse avec le clergé, le cardinal nous annonça qu'il allait se conformer à l'ordre du président Pinochet de dissoudre le Comité pour la paix. L'assemblée était furieuse de le voir ainsi céder à la dictature sur une question de droits fondamentaux à la vie et à l'intégrité

---

50. Mouvement de la gauche révolutionnaire (Movimiento de Izquierda Revolucionaria).

physique. Le 18 septembre, fête nationale, la coutume veut que soit chanté à la cathédrale un *Te Deum*, une hymne d'action de grâces à Dieu pour la République, en présence des autorités politiques. Les prêtres reprochaient à Silva d'avoir maintenu cette célébration qui se révélait scandaleuse dans les circonstances. Un religieux âgé prit le micro :

— Monsieur le Cardinal, quand saint Ambroise vit entrer dans sa cathédrale de Milan l'empereur romain Théodose, il l'apostropha en disant : « Tu n'entreras pas, car tes mains sont couvertes de sang. » Voilà ce que nous attendons de vous avec le dictateur.

Après un long silence, Silva rétorqua, imperturbable :

— Je ne suis pas saint Ambroise et je ne romprai jamais les liens de l'Église avec le gouvernement du Chili.

À la suite de cela, le cardinal fondait le Vicariat de la solidarité dans un édifice adjacent à la cathédrale. Durant toutes les années de la dictature, le Vicariat demeurera pour Pinochet un foyer d'agacements perpétuels et un espace où les partis politiques d'opposition prohibés purent peu à peu se réorganiser clandestinement. Ce fut un refuge pour tous les persécutés, qui y trouvaient des services juridiques et une certaine protection. Sous la conduite énergique du cardinal Silva, l'Église joua un rôle de refuge où les organisations syndicales, communautaires, politiques parvinrent à se réarticuler.

Une nouvelle mission dans les grands quartiers ouvriers

Dans ce contexte de conflits et de tensions, l'équipe des prêtres des Missions-Étrangères arrivait à Santiago. Les confrères venaient de quitter leurs paroisses de Temuco, dans le sud du pays, pour se regrouper à Santiago. Le document de la Conférence épiscopale latino-américaine de Medellín souhaitait « une Église authentiquement pauvre, missionnaire et pascale, déliée de tout pouvoir temporel et audacieusement engagée à la libération de tout l'homme et de tous les hommes[51] ». Cette douzaine de prêtres québécois avaient décidé de se déplacer vers la capitale et de travailler auprès des populations ouvrières dans la ceinture périphérique des quartiers marginalisés, les *poblaciones* (peuplements). Quelques semaines après mon arrivée, deux compagnons récemment installés dans le quartier de Huamachuco au nord de la ville, René Lapointe et André Drapeau, prêtres du diocèse de Saguenay, m'invitèrent à aller les rejoindre pour mon atterrissage; dans l'immédiat, mes objectifs étaient de prendre un premier contact avec le monde des appauvris et de faire la connaissance des figures de proue de cette Église chilienne progressiste.

De grands quartiers ouvriers avaient surgi dans la ceinture périphérique depuis les années 1960. On les appelait *callampas*, parce qu'ils poussaient comme des champignons. L'industrialisation avait amené une grande quantité de paysannes et de paysans à quitter la vie exténuante et pauvre de la campagne pour venir chercher un salaire de survie en ville. Après l'implosion démographique du centre-ville dans un premier temps, des milliers de sans-logis s'organisèrent par l'intermédiaire des partis politiques progressistes et squattèrent les vignobles et les terres agricoles qui entouraient Santiago. Des campements précaires et souvent détruits par la police naissaient dans des conditions insalubres; par la suite, peu à peu, les habitants réussissaient à s'implanter et à se donner un minimum d'infrastructures. Fiers de leurs conquêtes, les squatteurs nommaient leur nouveau quartier de noms évocateurs : La Bandera, La Victoria, Violeta Parra ! La ville de Santiago était encerclée d'une couronne immense de *poblaciones*, à la périphérie d'un centre-ville qui se modernisait rapidement.

Nous, les Québécois, ignorions presque tout de l'histoire de ces *poblaciones* organisées à l'initiative du Parti communiste, du Parti socialiste, de la Démocratie chrétienne ou

51. La 2e conférence générale de l'épiscopat latino-américain en 1968, à Medellín, en Colombie, V, 15.

du Mouvement de la gauche révolutionnaire (MIR). Depuis le coup d'État, militants politiques, syndicalistes ou autres intervenants sociaux vivaient dans la clandestinité, fichés et recherchés. Les centres de détention débordaient de prisonniers politiques qui, au moment d'être mis en taule, subissaient inexorablement les pires tortures de la part des services de sécurité. La terreur planait dans les quartiers, et la répression était impitoyable. Toute personne qui s'était engagée, à quelque niveau que ce soit, dans les réformes du gouvernement Allende était menacée.

Que pouvaient faire trois prêtres québécois dans un immense quartier de plus de 30000 habitants? Ces nouveaux quartiers n'avaient pas de lieux de culte. Dès leur arrivée, mes deux collègues avaient construit une chapelle de planches, avec l'effort persévérant des résidents. De là était né un petit réseau de familles chrétiennes qui commençait à s'activer. Une petite communauté naissait, que nous voulions au service du quartier; les besoins étaient criants et la pauvreté, effrayante. Notre premier réflexe fut de former des communautés de base. Tout le monde en parlait, mais personne ne savait très bien de quoi il s'agissait concrètement. Nos préoccupations étaient pastorales: nous rêvions d'une communauté chrétienne formée de petits groupes de croyantes et de croyants réunis autour de la Bible pour assimiler et ruminer le message de Jésus et, de là, développer une solidarité entre eux et avec leurs voisins. La Conférence épiscopale latino-américaine de Medellín nous avait branchés sur ce modèle d'Église: la communauté de base est «la cellule initiale de la structure de l'Église et le foyer de l'évangélisation, et présentement le facteur primordial de la promotion humaine et du développement[52]».

52. 2e conférence de Medellín, XV, 10.

Un peuple affamé

J'ai connu là Rachel, une femme dans la quarantaine qui habitait un campement périphérique dans une cabane de planches de trois mètres sur six avec son fils et sa fille, tous deux près de la vingtaine, et son compagnon de vie, âgé de vingt et un ans. Ce fut mon premier contact avec la réalité du sous-prolétariat. La famille vivait très pauvrement dans cet abri sans chauffage, et Rachel, qui avait souffert de tuberculose, restait très sensible aux bronchites durant les hivers crus de la capitale. Avec elle, nous avons commencé à mettre sur pied une soupe populaire pour les enfants dénutris. Cette militante du MIR était experte en organisation. Un matin, deux mamans munies d'un grand panier d'osier se présentèrent au marché public, qui se tenait deux fois par semaine dans l'une des rues du quartier. Elles sollicitaient des denrées pour préparer le repas du jour. Sur leur panier était écrit: «Voici la faim du peuple!» En un clin d'œil, la police se présenta et chassa les femmes, les accusant de vouloir dénigrer le gouvernement militaire et les menaçant d'emprisonnement. Il n'y avait pas de faim au Chili! Cette expérience avec Rachel me fit prendre conscience de la détermination des pauvres quand ils s'organisent. Mais nous ne pouvions quand même pas maintenir des cuisines populaires sans revendiquer le droit des travailleurs et des travailleuses à un emploi décent. Nous étions conscients que ces activités d'urgence étaient palliatives et risquaient de créer de la dépendance. Rachel réunissait les mamans qui venaient préparer le repas du midi et réfléchissait avec elles à leurs droits, ainsi qu'à la nécessité pour elles de s'unir et de s'organiser. Cela devenait un lieu de résistance et de conscience sociale.

À l'initiative de l'Église catholique, les tablées populaires pour enfants se multiplièrent dans tout le pays, au grand désagrément du gouvernement qui voyait là une propagande visant à dénigrer le régime. Mais peu à peu, la première dame, Lucia Hiriart de Pinochet, commença à organiser elle-même des cantines pour faire concurrence à l'Église. La femme du dictateur jouait aux dames patronnesses, pour donner une image charitable de ce régime qui disait défendre les valeurs de l'Occident chrétien.

Oui, la faim régnait au royaume de Pinochet. Dès 1976, le régime avait supprimé les barrières tarifaires qui protégeaient les produits chiliens du dumping extérieur. Le Chili allait être le premier à appliquer à la lettre les nouvelles normes de l'économie de marché promues par le Fonds monétaire international. Les produits bon marché de Taïwan envahirent aussitôt les magasins et, en quelques mois de ce dumping, les manufactures chiliennes de textile, de chaussures et d'articles divers commencèrent à fermer les unes après les autres. Pendant ce temps, les entreprises sous le contrôle de l'État furent mises à l'encan et acquises par l'entreprise privée, qui les achetait pour une bouchée de pain. Les familles travailleuses se retrouvaient sans emploi, sans revenus et affamées, pendant que des fortunes colossales se formaient avec ce pillage des biens publics. Pinochet et sa famille furent les premiers à en profiter. Le chômage était généralisé.

Former des prêtres pour le monde des pauvres

Je pris alors contact avec Mario Gonzalez, un prêtre chilien dans la soixantaine à qui le cardinal Silva avait confié la tâche de mettre sur pied une formation théologique insérée dans le monde populaire, pour préparer de futurs prêtres au service de la classe ouvrière. Depuis plusieurs années, Mario formait des équipes de jeunes hommes qui aspiraient au sacerdoce. Ceux-ci vivaient en petites communautés dans divers quartiers et gagnaient leur vie en travaillant; ils allaient à l'université pour leurs études de théologie. Ce projet de séminaire répondait à l'urgence de former des pasteurs qui puissent vivre près des appauvris et soient préparés à les accompagner dans leurs luttes. Je demandai à m'intégrer à cette expérience et déménageai dans l'une de ces communautés.

Mario m'accueillit avec bienveillance. Sa sagesse, son ouverture et sa bonhomie faisaient de lui un être exceptionnel. À ma demande, il me présenta des religieuses et des prêtres chiliens progressistes qui vivaient aux quatre coins de Santiago. Avec joie, je découvrais ces personnes inspirantes qui avaient choisi de se tenir du côté des populations marginalisées avec radicalité. Dès lors, je fus invité à participer à des rencontres «discrètes» entre personnes engagées pour la justice, secrètes pour ne pas être infiltrées par les services de renseignements et aussi parce que la dictature comptait sur des appuis de taille dans le clergé et l'épiscopat.

Mais un jour, le cardinal Silva rentra de Rome bourru et renfrogné; il convoqua les jeunes stagiaires du séminaire expérimental:

— Tout est terminé, vous rentrez au grand séminaire diocésain.

L'expérience s'arrêtait abruptement, car Jean-Paul II mettait fin à tout type d'expériences de formation sacerdotale et revenait au régime traditionnel de pensionnat. Mario l'apprit par ricochet, lorsque les séminaristes rentrèrent de cette réunion complètement secoués. Il reçut la nouvelle comme une trahison. Le cardinal lui demanda de s'exiler, pour éviter qu'il n'influence négativement les jeunes qui l'avaient suivi sur ce chemin. La mort dans l'âme, Mario partit pour Vérone, en Italie, où il fut accueilli par un regroupement de prêtres ouvriers. Il revint après un an, en phase terminale d'un cancer qui l'emporta le jour de Noël. Nous avions fait le projet d'aller travailler ensemble dans un nouveau quartier, car j'insistais toujours à vouloir travailler avec des Chiliens. Je perdais un ami très cher, que j'ai beaucoup pleuré. Ce coup de Jarnac porté à l'Église des pauvres n'allait être qu'un premier assaut ecclésiastique contre le projet d'option préférentielle pour les pauvres que la Conférence de Medellín avait pourtant dessiné.

Mario me rendit un grand service en me présentant ses amis prêtres et religieuses chiliens œuvrant dans les secteurs populaires, des personnes très engagées dans la résistance à la dictature, qui vivaient dans différents secteurs marginaux et travaillaient à soutenir et à promouvoir la réorganisation sociale, souvent au risque de leur vie. J'ai nommé Panchita, Blanca, Marie-Denise, Odile, Elena, Juana, Mariano, Roberto, Pepe, Rafaël et tant d'autres. Ces personnes ont eu sur moi une influence déterminante; elles vivaient l'engagement auquel je rêvais, et je m'engageai sur le même chemin qu'elles.

Dans le quartier La Bandera

Un projet alternatif de communauté chrétienne populaire

En février 1977, après un an et demi d'acclimatation, il était temps pour moi de commencer un nouveau projet. Avec André Dionne, un compagnon des Missions-Étrangères, nous avons alors proposé de développer un projet de communauté chrétienne populaire à titre expérimental. Nous n'allions pas entrer dans un nouveau quartier par la porte de la pastorale et des sacrements, mais par celle de l'intégration aux luttes des résidents, à leurs organisations propres. Le projet fut discuté en assemblée diocésaine dans la zone sud et, après bien des questionnements, on nous donna le feu vert pour nous installer dans le quartier de La Bandera[53].

Nous discutions ferme, aux assemblées très enrichissantes du Vicariat de la pastorale ouvrière, sur l'orientation à donner aux communautés de base. Des centaines de religieuses et de prêtres vivaient en quartiers populaires un peu partout dans Santiago. Mes confrères québécois s'étaient répartis deux par deux dans trois grandes zones de la capitale. Nous nous proposions d'adopter un mode de vie simple, de nous insérer dans les quartiers et de partager la vie et les préoccupations des gens.

---

53. *La Bandera* (le drapeau) désignait le drapeau révolutionnaire rouge et noir des premiers squatters.

Mais ce n'était pas suffisant. La question se posait, brûlante: allions-nous continuer à administrer massivement des sacrements, à célébrer des messes, à organiser des groupes de catéchèse, des activités charitables et pastorales, alors que les libertés fondamentales étaient brimées, que les droits à la vie et à l'intégrité des gens étaient menacés, que les droits collectifs d'association étaient niés? Que voulait dire «donner une bonne nouvelle aux pauvres» dans un tel contexte? Nous étions en mission, mais à quelle fin?

Jésus de Nazareth n'a pas organisé une Église. Il s'est fait proche des déshérités, des malades, des exclus. Il a mis les petits au centre du «Régime de Dieu». Il a été impatient de voir advenir ce «Régime» où tous auraient leur place à la table de l'humanité. Il a accueilli aussi bien ses coreligionnaires juifs que les hérétiques samaritains ou les païens des nations, chez qui il a discerné une foi encore plus grande qu'en Israël. Comment donc, nous demandions-nous, être fidèles à ce message évangélique précisément sous un régime de mort?

Une arrivée peu triomphale à La Bandera

Vers la fin des vacances d'été, la dernière semaine de février, sous un soleil brûlant, nous avons commencé à explorer les ruelles et avenues poussiéreuses du quartier pour connaître la composition des quatre secteurs qui formaient cette *población*. Deux communautés religieuses de femmes y étaient déjà implantées. Des sœurs de Maryknoll, Ita et Carla, étaient arrivées dans le secteur 4 quelque temps avant le coup d'État de 1973 et, depuis peu, trois religieuses d'une communauté espagnole s'étaient installées dans le secteur 2. Dans chacun de ces secteurs, une petite chapelle de planches servait à leurs activités de catéchèse, de solidarité et de prière.

Cette première visite nous fit réaliser que notre arrivée était plutôt malvenue. Dans les deux cas, ces femmes courageuses et proches des gens avaient choisi La Bandera justement parce qu'on n'y trouvait pas de prêtres. Elles étaient lasses de toujours avoir à se soumettre aux curés et d'être à la merci de leurs décisions souvent arbitraires et misogynes. Pour la première fois, j'entendais, de la bouche castillane de Consuelo, que nous, les prêtres, tous sans exception, étions des machistes. Elle avait raison, mais je ne l'appréhendais pas encore. Je me sentais très confronté par leurs critiques à notre égard, croyant naïvement qu'elles changeraient d'idée en nous connaissant mieux. Il nous fallait donc avancer avec circonspection. Ces femmes, par leurs récriminations et leurs protestations, amorçaient ma conversion au féminisme, mais je dois confesser que cela ne se fit pas sans heurts ni résistances de ma part. Nos relations avec elles étaient tendues.

Carla nous suggéra de prendre contact avec une tablée populaire organisée dans le premier secteur. Dans la cour arrière d'une maisonnette, un groupe de femmes s'affairait à préparer un repas pour une tablée populaire pour les enfants du voisinage. La maîtresse de maison vint vers nous, étonnée de voir deux jeunes *gringos*[54] à sa porte. Nous y avons fait la connaissance de quatre mères de famille, qui nous accueillirent avec gentillesse et bonne humeur. Nous leur avons expliqué notre désir de venir vivre dans le quartier et d'accompagner les gens dans leur quotidien. Comme elles étaient à cuisiner, l'une d'elles nous présenta un couteau et nous invita à peler des pommes de terre.

— C'est ça, notre quotidien.

Nous avons rappliqué pendant quelques jours.

— Nous voudrions emménager dans le quartier dans les plus brefs délais.

Du tac au tac, avec espièglerie, Juana, jeune veuve avec trois petits enfants sur les bras, nous lança à la blague :

— Bah ! Deux beaux *gringos* comme ça, je les prendrais bien chez moi !

---

54. Désigne les étrangers (principalement les Étasuniens) en Amérique latine.

Au cœur d'une histoire de luttes

Sans le savoir, nous avions atterri au cœur de ce grand quartier à l'endroit même où le squat s'était effectué, le 25 janvier 1970. La police l'avait démantelé le jour même, mais les 500 familles chassées étaient revenues le lendemain, avaient repris le terrain et affronté la répression. Des centaines d'autres jeunes familles les avaient rejointes et avaient finalement réussi à s'organiser, avec la consigne : « Une maison ou la mort. » Dans cette même ruelle, juste à côté de la cuisine collective, se trouvait la maison du dirigeant Victor Toro, le leader de ce squat. Il était en prison et il serait plus tard expulsé du pays. Nous avions affaire à des travailleuses et travailleurs qui avaient conquis de haute lutte, solidairement, leur droit à une habitation décente, et ils en étaient très fiers. À notre arrivée, leur quartier comptait quelque 50 000 habitants.

Quelques jours plus tard, nous avons vérifié si Juana était sérieuse quand elle nous avait offert son hospitalité. Celle-ci nous répondit :

— On m'a remis une maison sans divisions à l'intérieur. Installez-vous dans un coin et montez-vous une chambre.

La communauté Ita et Carla de La Bandera en 1979

Les femmes du collectif cherchèrent des pièces de bois, du contreplaqué récupéré et le lendemain, avec quelques madriers, nous armions une petite chambre de trois mètres sur trois. Nous voulions arriver discrètement, eh bien ! ça y était. Il ne restait plus qu'à trouver des lits et un placard chez un artisan du coin, et nous faisions notre entrée triomphale, avec nos deux valises et nos grabats, juchés sur un tombereau tiré par une « picouille[55] » conduite par un vieux charretier. Nous transportions nos pénates chez Doña Juana. Cela me rappelait le prophète biblique Élie qui, durant une sécheresse, se réfugia chez une pauvre veuve pour survivre. Celle-ci avait partagé avec lui le dernier repas qui lui restait... Cela m'émeut encore aujourd'hui de repenser à ces commencements à La Bandera. Quelques semaines plus tard, alors que nous parcourions le quartier en quête de contacts, on nous offrit la possibilité d'un terrain avec une maisonnette. Une famille, craignant pour sa sécurité, se préparait à fuir le pays. Nous avions enfin trouvé un toit dans la ruelle Aurora de Chile !

Un premier noyau de communauté

Durant la Semaine sainte, les religieuses espagnoles vinrent nous proposer d'accueillir un jeune homme qu'elles avaient connu à Copiapó, ville au nord du pays où elles avaient œuvré.

— Nous le connaissons très bien ; il était catéchète à la paroisse. Il a été arrêté lors du coup d'État. On l'a terriblement torturé, car il militait avec le MIR. Nous le visitions régulièrement en prison ; ici, à Santiago, il n'a pas de famille, il est très seul. Il vient d'être libéré avec plusieurs autres prisonniers politiques. Ne pourriez-vous pas le prendre pour un temps ? Sa vie sera en danger s'il n'a pas où aller.

55. En québécois, un vieux cheval, une rossinante.

Reinaldo, qui avait passé neuf mois en prison, en confinement la plupart du temps, se joignit à notre projet. Torturé, il avait également subi en plein désert un simulacre d'exécution. De tous ses camarades de parti, il était le seul à ne pas avoir été fusillé, du fait, sans doute, qu'il était encore mineur lors de son arrestation.

Reinaldo était le Chilien que nous espérions pour notre équipe. Chrétien et révolutionnaire, il arrivait dans un état de grand stress et rempli d'une sourde colère. Il s'intégra aussitôt à notre équipe. Pilar, dirigeante nationale de la Jeunesse ouvrière catholique, qui vivait dans la famille de sa sœur, se joignit aussi à nous. Durant plus d'une année, cette petite équipe se réunissait chaque semaine pour discuter de la situation du quartier et célébrer une messe de catacombes sur le coin de la table. Ces mois furent interminables pour nous qui voulions changer le monde, car nous nous sentions bien inutiles. Les gens avaient été tellement réprimés qu'ils étaient terrorisés et méfiants. Les dirigeants étaient en prison, disparus ou morts, et toute activité politique ou syndicale passée devenait un crime sous la dictature. L'arrivée de deux *gringos* suscitait la suspicion: «D'où viennent-ils? Et s'ils étaient des gens de la CIA?» Nous aurions bien voulu nous impliquer dans les organisations populaires, mais celles-ci étaient justement interdites et avaient cessé d'exister depuis le putsch.

Les défis de l'intégration

Les religieuses visitaient beaucoup le quartier. Elles passaient les après-midi dans les maisons à échanger avec les femmes et à partager leurs tâches. De ce fait, elles connaissaient bien la réalité. Elles nous incitaient à faire de même, mais... nous étions de jeunes hommes étrangers célibataires, et il nous apparaissait inconcevable d'aller visiter des femmes seules chez elles, alors que les maris étaient au travail. Dans un monde aussi macho, nous nous serions mis dans le plus grand des pétrins. Que faisaient les hommes dans le quartier? Ils sortaient travailler durant la journée, à condition de trouver du travail. Il nous faudrait chercher du travail nous aussi.

Notre voisin, Wence, était alors au chômage et bien découragé. Sa femme Marta travaillait comme domestique dans une famille de riches pour une bouchée de pain; elle venait de «tomber» enceinte. Leurs trois ados étaient dans un état avancé de sous-alimentation et devaient fréquenter une tablée populaire. Wence avait mis sur pied un petit atelier de réparation de chaussures pour ramener quelques *pesos* à la maison. Je lui demandai de l'accompagner pour lui donner un coup de main. Cela me permettrait d'apprendre le métier de cordonnier. Mais mon nouvel emploi fut de courte durée. Mon patron ferma bientôt boutique, heureux d'avoir enfin décroché un poste de concierge.

La crise sociale était épouvantable; les taux de chômage dans nos quartiers étaient stratosphériques, et les gens survivaient d'expédients. La dictature avait mis sur pied un programme social pour les sans-travail: le Plan d'emploi minimum, du travail communautaire inutile et dévalorisant en échange d'une paie mensuelle dérisoire, qui ne suffisait même pas pour se procurer le pain du jour. On voyait partout des groupes d'hommes et de femmes, balais en main, soulevant la poussière de nos rues de terre.

Une formation sociale riche et articulée

Le Chili possédait des professionnels très bien préparés, dont certains se mirent au service de la résistance. Nous avions la chance de compter sur des spécialistes en sociologie, en économie, en droit et en politique, qui nous éclairaient sur les droits de la personne, l'idéologie de la sécurité nationale et le néolibéralisme, dont le Chili devenait le prototype mondial. Il nous fut possible d'analyser les premières grandes réformes économiques des *Chicago Boys*, ces économistes chiliens formés par Milton Friedman à l'économie de marché et qui rentrèrent au pays pour assumer des postes de dirigeants après le coup d'État. Ces rencontres de formation, organisées par le Vicariat de la pastorale ouvrière, nous permirent de mieux comprendre la raison d'être de la dictature et le projet social qui sous-tendait toutes ces horreurs. Le prêtre belge Joseph Comblin, sociologue et grand pédagogue, fut alors un phare pour celles et ceux qui voulaient comprendre ce qui se passait, en particulier la doctrine de la sécurité nationale. Selon cette idéologie, l'armée nationale devait déclarer la guerre à l'ennemi interne, le communisme. En fait, les militaires menaient une guerre contre leur propre peuple. À Puebla, en 1979, la Conférence de l'épiscopat catholique latino-américain dénonçait cette prétendue doctrine :

> En fait, la doctrine de la sécurité nationale est davantage une idéologie qu'une doctrine. Elle est rattachée à un modèle économico-politique aux caractéristiques élitistes et verticales qui supprime toute participation large du peuple dans les décisions politiques. Elle prétend même se justifier dans certains pays d'Amérique latine comme la doctrine défenderesse de la civilisation occidentale et chrétienne. Elle développe un système répressif, en concordance avec son concept de **guerre permanente**[56].

En 1978, le diocèse de Santiago m'avait offert une bourse pour un cours de théologie pastorale latino-américaine à Caxias do Sul, au Brésil. Cela me procurait une occasion en or d'apprendre des expériences d'insertion dans le monde populaire et dans les communautés de base. Y participaient des militantes et militants chrétiens engagés dans les quartiers populaires ou les zones rurales, impliqués dans la défense des droits des pauvres dans toute l'Amérique du Sud. Les cours étaient donnés sur une période de trois mois par des théologiens engagés et des experts en sociologie et en anthropologie. Cette formation me confirma dans mes intuitions et m'orienta pour les années à venir. J'y rencontrai le bibliste Carlos Meister, qui fut mon mentor dans la lecture populaire de la Bible. Le Brésil, premier pays de la région à connaître la dictature militaire depuis 1964, vivait toujours dans un climat de grande répression,

---

56. *Document de Puebla*, n° 547.

et l'expérience acquise par l'Église brésilienne nous fut très précieuse, à nous qui vivions dans un contexte similaire.

Le vent tourne au détriment d'une Église populaire

Au mois d'août 1978, le pape Paul VI meurt d'une crise cardiaque. Le cardinal Silva nous convoque à une messe de funérailles à la cathédrale, à laquelle je me fais un devoir d'assister. En arrivant à la Place d'armes, devant le temple, je me bute à des centaines de militaires gardant l'entrée. Nous devons nous soumettre à une fouille et montrer patte blanche. Cet introït a l'heur de m'indisposer, mais je réussis à pénétrer en maugréant. La nef est bondée et en avant, dans le chœur, face au nonce apostolique et au cardinal, les quatre généraux de la junte militaire en uniforme de gala : Pinochet, Merino, Leigh et Mendoza. La messe se déroule, fastueuse et monotone, avec les éloges funèbres et tout le tralala. Au moment de la communion, le cardinal donne le baiser de paix à Pinochet et aux trois autres tortionnaires qui l'accompagnent. Dégoûté par cette accolade de tartufes, je sors précipitamment. Il m'est impossible de communier à de telles mascarades.

À son retour du conclave où les cardinaux avaient élu Jean-Paul Ier comme pape, le cardinal Silva exprima sa satisfaction à sa descente de l'avion :

— Nous nous sommes sauvés d'avoir un pape polonais, dit-il à la blague.

Il ne soupçonnait pas qu'à peine quelques semaines plus tard il retournerait à Rome pour élire Karol Wojtyła, Jean-Paul II. Pour nous qui étions impliqués auprès des populations pauvres d'Amérique latine, les choses allaient désormais se compliquer. Jean-Paul II, qui avait résisté au gouvernement communiste comme archevêque de Cracovie, était convaincu que la théologie de la libération était un instrument des communistes pour infiltrer l'Église. Sous son règne, nous allions connaître une persécution constante.

La première grève de la faim

Un évènement important vint transformer notre présence à La Bandera. Le 22 mai 1978, dans trois paroisses de Santiago et au siège de l'UNICEF, un bon nombre de femmes du Regroupement des familles de détenus-disparus se déclara en grève de la faim. D'abord isolées et terrorisées, ces personnes, en grande majorité des femmes, s'étaient mises à la recherche d'un fils ou d'une fille, d'un conjoint, d'un parent, qui avaient été séquestrés par les forces de sécurité et dont on ignorait le sort. À ce moment-là, on estimait à 1000 le nombre des disparitions forcées, dans la capitale seulement. La dictature niait effrontément l'existence des détenus-disparus, prétendant que ces gens avaient fui à l'étranger. Peu à peu, les familles commencèrent à s'organiser et, en 1976, le Regroupement comptait 323 membres. Malgré les persécutions, les arrestations, les coups, ces femmes furent les premières à se lever pour réclamer la vérité sur leurs êtres chers: «Où sont-ils? Où sont-elles?»

L'occupation de trois églises eut l'effet d'une bombe. Des personnes solidaires venaient se joindre aux grévistes. La presse se déchaînait contre ces «subversives» qui voulaient éclabousser le gouvernement avec leurs réclamations stupides. Le clergé était coincé: fallait-il ménager les susceptibilités du régime ou prendre clairement parti pour ces victimes et être accusés de complicité avec les «communistes»? Le débat fut très émotif, car nous étions remués dans nos tripes par la détermination de ces femmes. Plusieurs d'entre nous, religieuses et prêtres, ont alors décidé de se joindre à elles pour un jeûne solidaire de soixante-douze heures. Dans la zone ouest, un autre groupe de religieuses et de prêtres s'unirent à la grève de la faim qui dura dix-sept jours, au terme desquels le cardinal obtint la promesse du dictateur que l'on informerait les familles du sort de leurs êtres chers. Mais ce ne furent que des paroles en l'air, auxquelles Pinochet refusa de donner suite.

— Nous sommes pratiquement dans un processus de guerre. Dans toute guerre, les gens disparaissent et personne ne demande d'explications ni personne n'en donne, grogna le général.

Les femmes à l'avant-garde

Ces trois jours de jeûne en compagnie d'une vingtaine de victimes de la répression ont été un moment de grâce pour moi, une forte secousse. Ces femmes se sont tenues debout face à la dictature. Prenant leur courage à deux mains[57], elles sont devenues les mères du peuple chilien, des Marie-debout-au-pied-de-la-croix. Cela me confirmait le chemin que nous devions prendre, celui de la solidarité.

Cette organisation a eu sur moi une grande influence; je considère que ces femmes m'ont donné le souffle pour m'engager dans cette lutte de libération. J'y ai connu Ana Gonzalez, une de celles qui avaient mis sur pied le Regroupement des familles de détenus-disparus. En avril 1974, des agents de la DINA (Direction nationale d'intelligence) séquestrèrent et firent disparaître son époux Manuel, son fils Luis Emilio et son épouse Nalvia, enceinte de trois mois, tous militants du Parti communiste. Ana échappa miraculeusement à cet enlèvement et s'employa avec acharnement à réclamer qu'on lui dise ce qui était arrivé. Elle regroupa peu à peu d'autres personnes qui vivaient la même situation. Ces gens les plus durement touchés par la dictature furent à l'origine du mouvement de résistance qui s'amorça au Chili. Selon la Commission nationale de la vérité, on a dénombré 28 259 prisonniers politiques, victimes de torture, 2 298 personnes exécutées sommairement et 1 209 détenus-disparus. Ces mères-courage ont vaincu la peur et se sont tenues debout contre vents et marées. Dans leur lutte non violente et déterminée, elles ont été un modèle de cohérence et de détermination.

57. En espagnol, l'expression imagée dit *hacer de tripas corazón* (se fabriquer un cœur avec ses tripes).

Les femmes affrontaient les agressions avec hardiesse. Un jour, sur la section piétonnière commerciale de la rue Ahumada, je vis la police poursuivre des manifestants et lancer des gaz lacrymogènes. Un jeune homme recueillit une bombe fumante sur le sol et, se précipitant vers l'autobus des carabiniers, la tira à l'intérieur du véhicule. Il fut vite rattrapé et reçut une volée brutale de coups de pied dans la figure, de coups de crosse et de matraques, avec une pluie d'insultes et de crachats. Ils étaient une quinzaine à s'acharner sur lui avant qu'il ne soit projeté comme une poche de patates au fond du panier à salade. Il saignait abondamment. Deux femmes bourgeoises, élégamment vêtues et portant talons aiguilles, intervinrent aussitôt. Furieuses à la vue d'une telle brutalité, elles se précipitèrent sur les carabiniers avec leurs souliers dans les mains, frappant à l'aveugle ces gaillards désemparés. Elles réussirent à sortir le jeune homme du fourgon; il fut aussitôt rattrapé et remis en dedans. Sans hésiter, les femmes recommencèrent leur opération de sauvetage et réussirent à libérer le prisonnier, qui prit la poudre d'escampette.

La résistance s'organise

De retour à la maison après le jeûne, avec quelques kilos en moins, je m'aperçus que les voisins nous percevaient différemment. Voyant que nous étions solidaires d'un regroupement illégal et interdit, les personnes qui fréquentaient nos groupes de catéchèse s'éloignèrent de nous, par peur ou par préjugés. Nous étions des curés rouges! Par contre, les plus militantes commencèrent à nous visiter, et une dynamique nouvelle put s'établir.

En 1978, sous la pression internationale, quelque 300 prisonniers politiques furent relâchés, des gens jadis actifs dans les organisations du gouvernement d'Allende. Peu à peu, en catimini, ces militants et militantes travaillèrent à remonter les partis politiques de gauche. Pour nous, il était clair désormais que nous allions coopérer à remettre le peuple en marche en lui servant de parapluie dans ses initiatives de résistance. Nous avions recours aux services du Vicariat de la solidarité pour placer les demandes d'*habeas corpus*[58], lorsqu'un citoyen était mis aux arrêts ou enlevé. Les descentes des forces répressives et les séquestrations étaient fréquentes. On nous demandait de cacher des personnes persécutées en attendant qu'elles puissent quitter le pays. Il n'était pas question de demander à la police des permis pour les réunions qui se tenaient dans les églises ou les chapelles. L'Église catholique refusait que l'État se mêle de ses oignons, se prévalant de son statut d'Église officielle.

Les prisonniers politiques qui avaient été libérés n'étaient pas au bout de leurs peines. Non seulement ils avaient perdu leur emploi, mais ils possédaient un dossier de subversifs, de telle sorte que les employeurs refusaient de les engager. Avec quelques-uns d'entre eux, nous avons donc mis sur pied un atelier d'artisanat de cuir. J'y participais assidûment avec cinq personnes; ces longues heures à découper, à coudre, à lacer des sacs et des babouches laissaient place à des moments d'échanges très riches. Roberto, dirigeant du MIR et responsable de l'atelier, devint un collaborateur de la résistance chrétienne. Artiste visuel, il contribua en de multiples occasions à accompagner nos publications de gravures percutantes et nos activités, de murales colorées et de graffitis. L'atelier connut une année de grâce en 1978, alors que nous reçûmes une importante commande: un superbe porte-document en cuir repoussé offert par le Vicariat de la solidarité à chaque personne invitée au Symposium pour les droits de la personne, convoqué par le cardinal Silva. Mais après cette manne tombée du ciel, l'atelier dut se résoudre à cesser ses activités par manque de débouchés.

---

58. Règle de droit qui garantit à une personne arrêtée une comparution rapide devant un juge afin qu'il statue sur la validité de son arrestation. Ce droit a été constamment bafoué par les militaires chiliens.

La communauté des Saints-Innocents

En ces temps-là, nous étions entrés en contact avec une jeune famille d'un campement situé près de chez nous, qui logeait dans une *mediagua*[59]: quatre murs de planches brutes, un toit de feuilles ondulées de carton goudronné et un plancher de terre… et le vent qui sifflait entre les planches pendant que l'eau dégoulinait de partout durant l'hiver.

Sergio avait été parmi les 40000 citoyens détenus dans le stade national après le coup d'État. Depuis lors, il était sans travail et Silvia, son épouse, était enceinte. Ils avaient un petit garçon, Éric, au large sourire et aux yeux tristes. Je revois encore cette jeune maman rongeant son frein, angoissée en pensant au sort qui attendait ses enfants. Ce soir-là, alors que je m'apprêtais à quitter leur logis, Sergio me dit à l'oreille:

— Aujourd'hui, nous avons passé tout droit; le petit n'a rien mangé de la journée.

Dans ce réduit humide et pauvre, nous venions de décider de la fondation d'une communauté chrétienne engagée dans la résistance. Nous attendrions la naissance du bébé qui serait notre symbole, notre inspiration, notre mascotte.

Marcelita naquit le 28 décembre 1979. Ce fut le commencement de notre communauté de base. En ce jour, la liturgie catholique célèbre les Saints Innocents, ces enfants de Bethléem que le roi Hérode avait fait massacrer après la naissance de Jésus. Nous avions trouvé nos saints patrons: tous ces innocents que la dictature de Pinochet avait assassinés et fait disparaître. Chaque année, nous nous souviendrions de ce carnage et nous fêterions notre petite fille *Liberté* qui grandira au milieu de nous. Notre projet allait aider notre quartier à se remettre debout, à vaincre la terreur et à se réorganiser contre l'oppression.

59. La *mediagua* est un abri d'urgence, devenu trop souvent une demeure permanente pour des milliers de familles. Dimensions: 3 mètres sur 6 mètres.

Dans le quartier La Bandera, frappé durement par le chômage, beaucoup de familles avaient cessé depuis longtemps de payer les comptes d'électricité et d'eau potable. Dans ces conditions, les compagnies enlevaient le compteur d'eau ou coupaient le courant. Des intérêts usuraires continuaient d'augmenter la facture, même après la coupure des services, et les familles étaient prises à la gorge. Nous voyions des femmes parcourir de longues distances avec une brouette pour charrier de l'eau de chez une amie ou une parente. Des hommes grimpaient dans les poteaux pour se connecter illégalement, mettant en danger leur vie et la sécurité de leurs maisonnettes de bois, ainsi exposées aux incendies.

Un comité fut formé dans le but de regrouper ces personnes endettées et de négocier avec les compagnies des arrangements raisonnables et une remise des intérêts usuraires. Il fallait un permis de la police pour une réunion de trois personnes ou plus, et toute organisation était interdite, mais nous allions une fois de plus passer outre à la légalité. Par le bouche-à-oreille, nous convoquâmes les gens dans une grande église des Franciscains aux confins du quartier : le temple se remplit, plusieurs pensant candidement que les curés allaient payer leurs dettes. Ce fut un moment prodigieux. Depuis le coup d'État, cinq ans auparavant, les gens ne se rencontraient plus comme autrefois pour discuter de leurs problèmes. Les arrivants se saluaient du regard un peu nerveusement. Ils tenaient en main leurs factures impayées. Peu à peu, malgré la répression militaire, un vaste réseau d'endettés s'organisa; le problème était tellement criant qu'à la fin les compagnies furent forcées de pardonner les intérêts et de renégocier la dette des gens de façon à ce qu'ils puissent s'en acquitter petit à petit. Cette première initiative redonna confiance et permit d'aller un peu plus loin. De là, nous avons commencé à mettre sur pied de petits comités de défense des droits individuels et collectifs. Ces embryons d'organisations permettaient de vaincre la peur.

Les fours de Lonquén

En novembre 1978, juste après la tenue du Symposium pour les droits de la personne, un inconnu révéla au Vicariat de la solidarité que des cadavres se trouvaient dans un four à chaux abandonné situé à Lonquén, une petite municipalité au sud de Santiago. En 1973, quinze paysans entre dix-sept et cinquante et un ans y avaient été arrêtés et exécutés. Leurs corps furent jetés secrètement dans la cheminée d'un four à chaux désaffecté et recouverts de ciment. Pour la première fois, l'on découvrait le sort des détenus-disparus. Un an après l'identification des cadavres par l'Institut médicolégal et au terme de l'enquête, les familles réclamèrent qu'on leur remette les restes de leurs proches pour les enterrer. Le juge militaire en donna l'ordre et les familles, accompagnées de milliers de personnes, attendirent durant toute une journée dans l'église de la Recoleta, au nord de la capitale. Mais vers quatre heures de l'après-midi, on vint nous annoncer que les restes avaient été enlevés en cachette durant la nuit précédente. On les avait enterrés secrètement dans une fosse commune, en prenant soin de mélanger et de disperser les ossements. Un hurlement de douleur et de colère de la foule retentit dans la nef. Non seulement s'en prenait-on aux vivants, on faisait maintenant disparaître les morts ! Le régime ne voulait pas donner l'occasion d'une manifestation lors du transfert des restes des victimes jusqu'au cimetière. La cruauté était absolue.

Dans le temple, nous étions tous survoltés. Alors Cristian Precht, le vicaire épiscopal de la solidarité, monta à l'avant et adressa aux familles des victimes un pieux discours sur la nécessité de pardonner. Il voulait apaiser la colère populaire, plus que légitime, qui s'exprimait à ce moment-là. Comme si l'Église devait s'interposer entre la dictature et le peuple opprimé pour empêcher la violence sociale ! Comme si la violence de la dictature qui s'intensifiait ne méritait pas d'être dénoncée courageusement !

Au cours de mes études de théologie, j'avais appris dans la *Somme théologique* de saint Thomas d'Aquin que pour être pardonné il faut trois conditions: regretter le mal commis, réparer les torts causés et avoir le ferme propos de ne plus recommencer. Pinochet recevait la communion en public; il tuait et torturait, il causait un tort immense et justifiait ses actions en prétextant la défense de la civilisation chrétienne. Dans de telles conditions, il était immoral de demander de lui pardonner et de parler de réconciliation.

Après ces évènements, l'indignation était à son comble et, pour intensifier notre solidarité avec le regroupement des familles de détenus-disparus, nous avons convoqué religieuses, prêtres et étudiants en théologie à un jeûne de soixante-douze heures dans le collège des Pères de Sainte-Croix à Andacollo. Les gens répondirent avec enthousiasme, et plusieurs centaines de personnes se joignirent à ce geste de solidarité, y compris l'évêque auxiliaire de Santiago, Enrique Alvear, un pasteur vénéré pour sa solidarité.

Durant ce jeûne, nous avons décidé, une douzaine de Québécoises et de Québécois, d'aller confronter l'ambassadeur du Canada. Missionnaires en milieu populaire, nous avions été choqués par son attitude. Depuis le coup d'État, l'ambassade avait reçu et aidé de nombreuses personnes à se réfugier au Canada. De toute évidence, les politiques canadiennes venaient de changer. Le nouveau diplomate avait barricadé l'accès à l'ambassade, et les demandeurs de statut de réfugié devaient faire la queue dans la rue en plein centre-ville, au vu et au su des carabiniers qui montaient la garde. En effet, l'homme était mandaté pour renouer les liens avec le régime et reprendre le *business* avec le Chili, celui des investissements miniers en particulier. Durant la semaine précédente, deux paysans pourchassés s'étaient introduits sur le terrain de la résidence de l'ambassadeur et avaient demandé l'asile politique. Le diplomate, pris de panique, avait appelé les autorités et remis les deux hommes à la Centrale nationale d'Information (CNI), organe réputé pour ses tortures aux prisonniers. Devant nos critiques, le diplomate s'emporta :

— Je ne pouvais pas savoir si ces gens étaient des terroristes.

— Monsieur l'ambassadeur, lui demandai-je, où avez-vous appris votre métier ? Si vous êtes incapable d'affronter le stress, vous n'êtes pas l'homme de la situation. Nous allons demander au Parlement canadien votre destitution.

Ce qui fut fait, dans une lettre en bonne et due forme adressée au gouvernement de Joe Clark et à l'opposition libérale de Pierre Eliott Trudeau.

Le jeûne de solidarité avec les détenus-disparus eut beaucoup de répercussions : dans les communautés religieuses, on se tracassait du fait que les jeunes aspirants y avaient participé sans l'autorisation de leurs supérieurs. La présence importante d'étudiants de la faculté de théologie de l'Université catholique créa un précédent qui nous permit plus tard d'aller organiser la résistance dans ce château fort des idéologues de la dictature.

Voilà dans quel climat j'ai passé ces premières années au Chili. J'étais fier de vivre en solidarité avec ce peuple qui traversait une longue nuit. Pour la première fois, j'avais la conviction d'être à ma place, même si quantité d'insécurités et de doutes m'assaillaient. L'Église de Santiago jouait un rôle important comme institution, et le cardinal menait sa barque avec fermeté et solidarité, tout en maintenant sa volonté de ne pas rompre avec les dictateurs. Après quatre années bien intenses, j'avais maintenant droit à deux mois de vacances dans ma famille, mais déjà je prévoyais donner un pas de plus dans mon engagement au retour. Il me semblait nécessaire de continuer le travail d'appui que nous procurions aux organisations par l'intermédiaire des communautés chrétiennes, mais si nous voulions que ce calvaire ne s'éternise pas durant un siècle, il fallait contribuer à consolider le mouvement de résistance. Je voulais en être.

Une dictature au service du grand capital

Les p'tits gars de Chicago

Le coup d'État militaire au Chili répondait à une stratégie qui dépassait les frontières de ce petit pays. Il s'agissait de mettre en place un nouveau modèle économique planifié depuis des années par l'élite planétaire du monde des affaires, sous le leadership des États-Unis. Le Chili allait servir de modèle expérimental et, pour cela, il fallait un gouvernement capable d'imposer les nouvelles règles. D'où l'appui ferme de Kissinger au putsch contre Allende en 1973.

Entre 1957 et 1970, une centaine d'étudiants en économie de l'Université catholique du Chili furent envoyés se spécialiser à l'Université de Chicago, grâce à une entente parrainée par des entrepreneurs chiliens. Cet établissement étasunien a été le principal centre universitaire à diffuser la pensée néolibérale. Milton Friedman en était le cerveau. Ces économistes chiliens, surnommés les *Chicago Boys*, ont fait la pluie et le beau temps tout au long de la dictature, et même jusqu'à aujourd'hui[60]. Ils ont imposé la dictature de l'argent qui, elle, a survécu à la dictature militaire.

La répression sauvage visait à imposer par la force un modèle favorable aux élites économiques du Chili. À la suite de l'expérience chilienne, acheter des entreprises publiques dans des pays avoisinants s'est révélé une excellente

60. Ces données sont tirées de l'article de Jorge Vergara Estévez, « El mito de las privatizaciones en Chile », *Polis*, n° 12 (2005).

occasion d'affaires. Dès lors, les multinationales se sont mises à s'emparer des entreprises d'État dans tous les pays du monde, avec la complicité du Fonds monétaire international (FMI).

Or, le Chili, se classant parmi les principaux producteurs mondiaux de cuivre, avait une classe ouvrière importante et était doté d'une solide infrastructure manufacturière. Le syndicalisme chilien était vigoureux, forgé depuis des décennies dans le feu de luttes déchirantes sous la conduite du Parti communiste. Sous les gouvernements de la Démocratie chrétienne et du socialiste Allende, un puissant mouvement populaire s'était déployé: squats de terrains pour les sans-logis, comités de quartiers, d'agriculteurs, d'autochtones mapuches[61], etc. Ces mouvements de la base, coordonnés et soutenus par les différents partis politiques en présence, allaient être démantelés d'une manière impitoyable par la force répressive.

La première offensive du régime fut de ligoter les travailleuses et les travailleurs par un décret qui réduisait à néant le droit d'association. Ce fut ensuite l'abaissement des tarifs douaniers à l'importation, qui jusque-là protégeaient les marchandises produites sur place. En quelques années, l'industrie manufacturière chilienne s'écroula, victime du dumping venant principalement de Taïwan. Cela provoqua une onde de choc, qui réduisit au chômage des milliers de familles dans les grandes villes. La troisième étape de la stratégie consista à vendre les nombreuses entreprises de l'État au secteur privé. Celles-ci furent acquises au rabais par les industriels et les militaires chiliens. On privatisa les entreprises de production agricole et industrielle, les services d'eau, d'électricité, de transport en commun, les régimes de pension et de sécurité sociale, la santé et

61. Ces communautés amérindiennes de la zone centre-sud du Chili ont résisté aux Incas et aux conquistadors espagnols. Elles ont été écrasées par l'armée chilienne en 1882; on a tenté de les assimiler. Jusqu'à aujourd'hui, elles sont victimes de harcèlement, et la défense de leurs droits tombe sous la loi antiterroriste. Le gouvernement chilien ne reconnaît pas l'existence d'une nation mapuche sur le territoire national.

l'éducation. L'État perdit énormément d'argent dans cette folle aventure, et les services offerts étouffèrent la population avec des augmentations stratosphériques de tarifs. En même temps, les élites s'enrichirent de façon troublante, pratiquant un véritable pillage du bien commun.

Le plus dommageable pour le pays fut la privatisation du cuivre, qui avait été nationalisé par Allende. Il s'agissait de la principale ressource non renouvelable du Chili et la plus importante source de revenus pour l'État. Des réserves du pays, 63 % furent concédés à un prix très bas à Exxon et à d'autres entreprises. L'État ne se réserva que 37 % de la production. Depuis ce temps, jamais ces entreprises n'ont payé d'impôts, déclarant des pertes année après année. Jusqu'à présent, le gouvernement chilien n'exige pas de redevances et cède presque gratuitement les ressources aux multinationales !

Le devoir de résistance

> **C'est dans la rébellion que l'âme se révèle**
>
> *Se rebeller est une attitude viscérale, un mouvement sismique humain qui surgit du fond de l'âme. Quand quelqu'un se rebelle, il le fait avec les tripes et même contre toute raison ou convenance.*
>
> Josep Castelló [62]

Il fallait résister de façon organisée à cette offensive militaire et économique menée contre une population terrorisée. Pinochet affirmait qu'il menait une guerre ouverte aux « ennemis de la patrie », c'est-à-dire à l'opposition. Depuis six ans, des centaines de personnes s'étaient réfugiées dans des ambassades, où elles durent vivoter jusqu'à l'obtention d'un sauf-conduit. D'autres, par milliers, avaient fui le pays clandestinement. Après quelques années, le régime commua

62. Josep Castelló, « Es en la rebelión donde el alma se revela », publié sur le site *Escritos de Pep Castelló*, le 23 août 2012. [escritosdepepcastello.blogspot.ca] (9 mars 2014)

en bannissement les peines de prison de prisonniers politiques, mais la plupart d'entre eux furent interdits de retour après avoir complété leur sentence. On estime à 200000 le nombre de personnes exilées durant cette période.

En 1979, le Mouvement de la gauche révolutionnaire (MIR) entreprit l'«opération retour», demandant à ses militants en exil de revenir clandestinement pour organiser la résistance au régime. «Ils veulent la guerre, ils l'auront!» proclamaient-ils. Après quelques années de repli, le MIR passait à l'offensive en mettant sur pied deux groupes de résistance armée et en créant des milices de résistance populaire.

À partir de ce moment, tous les partis politiques commencèrent à se réorganiser clandestinement pour faire face à cette guerre interne: communistes, socialistes, gauche chrétienne, mouvement d'action populaire unifié, démocratie chrétienne, radicaux. L'opposition s'articula lentement et péniblement, régulièrement décapitée et réprimée par des enlèvements, des tortures et des assassinats. Le peuple chilien dut utiliser tous les moyens et tous les espaces possibles pour affronter l'armée chilienne, qui ne protégeait que les riches et la junte au pouvoir.

La résistance des chrétiennes et des chrétiens

Je revins de mes vacances au Québec bien décidé à m'engager dans la résistance. Les circonstances s'y prêtaient d'ailleurs. À la pastorale ouvrière dirigée par le vaillant vicaire épiscopal Alfonso Baeza, nous réfléchissions sur la situation des quelque 300 communautés de base dans les quartiers populaires. Ces communautés se définissaient comme des groupes issus du peuple, formés de croyantes et de croyants qui adhéraient à un Christ libérateur. On y analysait collectivement, à la lumière de la Bible, la réalité vécue par le peuple, et l'on discernait les actions à adopter pour transformer cette réalité dans la foi et l'espérance. Enfin, ces communautés célébraient la vie et la mort du

Christ expérimentées en ce temps-là par le peuple chilien[63]. Cette nouvelle façon de vivre en Église s'enracinait dans l'« option préférentielle pour les pauvres ». Dans le cas des communautés de base, les pauvres eux-mêmes s'appropriaient l'Église.

La Coordination des communautés populaires donnait de l'urticaire aux autorités épiscopales, car tout ce qui s'appelait « populaire » évoquait pour la hiérarchie « les chrétiens pour le socialisme » de l'époque de l'Unité populaire d'Allende. Dans le quartier La Bandera, nous allions fermement dans cette direction d'une communauté populaire solidaire et engagée. Nous voulions « annoncer la Bonne Nouvelle aux pauvres », mais quelle était cette bonne nouvelle que les gens étaient impatients d'entendre ? Dans cette période où le peuple était désespéré et avait perdu ses moyens de lutte, il fallait l'aider à se relever et à rebâtir ses organisations. Les citoyennes et citoyens devaient surmonter leurs peurs et reprendre leurs luttes sociales et politiques.

À peine revenu de mes vacances, je fus contacté par Rafaël Maroto, un prêtre ouvrier qui, depuis plusieurs années déjà, était descendu de son piédestal de « monseigneur » bourgeois pour aller travailler à la construction du métro. Bien qu'issu d'une famille aristocratique, il avait une histoire d'engagement radical auprès des secteurs populaires et s'était joint au MIR, où il jouait un rôle idéologique important. J'acceptai volontiers de collaborer à la résistance et je m'intégrai à une cellule de résistance avec deux religieuses.

Dans le monde des travailleurs

Mon confrère André Dionne et moi avions partagé avec les confrères des Missions-Étrangères notre désir de chercher du travail pour mieux connaître le sort des hommes de notre quartier, qui s'échinaient du matin au soir à gagner quelques *pesos* pour faire vivre leur famille. Je prenais soudainement

63. David Fernández, *La « Iglesia » que resistió a Pinochet*, Madrid, ISPALA, 1996, p. 114.

conscience que je ne savais absolument rien faire de mes dix doigts. Issu d'une famille de cultivateurs, André décrocha un travail de journalier agricole sur une parcelle au sud de la capitale, pour un salaire de famine. Je me dirigeai au centre-ville avec l'idée de chercher un emploi dans la restauration rapide: je saurais quand même faire des hot-dogs! En passant devant l'hôtel Tupahue, un cinq étoiles de quatorze étages, je m'y introduisis *subito* pour faire une demande d'emploi comme serveur aux tables ou porteur de bagages. Après avoir inventé de but en blanc une histoire de vie rocambolesque à l'intention du patron, je fus engagé comme réceptionniste. J'avais bien pris soin d'occulter mon état de prêtre en quartier populaire. J'y travaillai six mois, sur trois quarts de travail, ce qui me permit de connaître de l'intérieur les conditions des travailleurs et de partager leurs préoccupations.

L'assassinat d'Oscar Romero à San Salvador

En mars 1980, la Coordination des communautés populaires nous convoqua à une première célébration dans la rue. L'archevêque Oscar Romero venait d'être assassiné en pleine messe à San Salvador le lundi précédent, et nous voulions lui rendre un dernier hommage à la cathédrale. Le cardinal Silva s'y opposa, maussade, en disant que Romero était un ingénu qui s'était fait manipuler par la gauche. Cet évêque salvadorien courageux qui avait reçu des menaces de mort et qui, chaque dimanche, dans sa cathédrale et sur les ondes de la radio catholique, dénonçait les assassinats, tortures et horreurs de toutes sortes commises dans son pays... cet homme ne méritait pas une messe? Qu'à cela ne tienne! Nous nous retrouvâmes quelque 500 personnes marchant de la Place d'armes jusqu'au cimetière, avec une grande croix où apparaissait une photo de Romero. Nous portions un bâillon sur la bouche pour dénoncer l'absence du droit de parole et nous murmurions un chant de libération... Aucun cri, aucune parole. Les passants nous observaient, inquiets, alors que pesait sur la rue un silence de plomb. Des carabiniers nous surveillaient, prêts à intervenir. Ce que nous faisions était illégal. Nous nous dirigeâmes dans la cour numéro 29 du cimetière de Santiago, où se trouvaient des fosses communes. Il y avait là quantité de croix sans nom, marquées N.N., que l'on soupçonnait être les sépultures des innombrables personnes exécutées lors du coup d'État. La croix de Romero fut plantée au milieu de ce champ d'honneur où reposaient les victimes de la dictature, et une brève homélie rendit hommage à l'évêque martyr.

Ita et Carla, martyres au Salvador

Dans notre quartier La Bandera, l'intégration des équipes de religieuses et de prêtres n'avait pas été aisée. Les Étasuniennes Carla et Ita, qui avaient été secouées par le coup d'État en 1973, désiraient changer de milieu. Elles décidèrent donc d'aller se mettre au service de l'archevêque Oscar Romero, qui avait sollicité l'aide de la communauté de Maryknoll pour s'occuper des familles déplacées fuyant les combats au Salvador. Les deux vaillantes missionnaires arrivèrent à San Salvador le jour même des funérailles de monseigneur Romero!

Elles se mirent aussitôt au travail, mais cinq mois plus tard, le 27 août, Carla était emportée dans sa jeep par le gonflement subit d'une rivière et se noya. Ita, qui l'accompagnait, survécut miraculeusement après avoir été charriée sur plusieurs kilomètres dans un torrent tumultueux. Dans une lettre qu'elle fit parvenir à ses compagnes du Chili, Ita se demandait ce que Dieu attendait d'elle au Salvador. Jeune femme audacieuse, au caractère enjoué, optimiste de nature, conciliante et ouverte, elle continua bravement son travail auprès des réfugiés en circulant dans un pays aux mille pièges et dangers. Le 2 décembre 1980, au terme d'une rencontre des sœurs de Maryknoll au Nicaragua, elle revenait au Salvador avec sa compagne de mission, Maura Clarke; deux autres missionnaires étasuniennes vinrent les cueillir à l'aéroport. Leur véhicule fut stoppé sur le chemin par des membres de la Garde nationale. On les emmena dans un lieu isolé où elles furent torturées, violées et assassinées sauvagement par les soldats.

Au Chili, la nouvelle eut l'effet d'une bombe dans le quartier La Bandera, où ces femmes avaient passé dix ans de leur vie au service des familles. Nous organisâmes alors une marche silencieuse avec des bougies et traversâmes le quartier vers la maison des sœurs de Maryknoll. Notre communauté populaire n'avait pas encore de nom: elle s'appellerait désormais «Communauté Ita et Carla». Nous qui voulions une communauté engagée au service des opprimés, nous avions désormais deux martyres de la foi libératrice.

La lutte des sans-logis s'organise

Pendant ces premiers mois de 1980, les organisations de quartiers, de femmes, de sans-emploi, de sans-logis, de syndicats de mineurs du cuivre et du charbon commençaient à émerger malgré la répression constante.

On estimait alors à 300000 le nombre de familles sans logis à Santiago. Il s'agissait dans la plupart des cas des plus pauvres parmi les pauvres: de jeunes couples ou des femmes monoparentales avec des enfants en bas âge qui vivaient dans une cabane sordide dans la cour de leurs parents ou qui s'installaient sur le terrain d'un voisin, à qui ils payaient un loyer pour y placer un abri précaire. Cette promiscuité causait de nombreux problèmes entre voisins et exerçait un stress intense sur les familles. Après deux ans de représentations auprès des maires et du ministère du Logement, les sans-logis arrivèrent à la conclusion qu'il n'y avait de la part des autorités aucune volonté de résoudre leur problème.

Le 1er mai, journée internationale des travailleurs, s'organisa une marche dans un quartier industriel avec des syndicats et les organisations de sans-logis de La Bandera. Notre petite communauté chrétienne y participa. Cette marche, quoique durement réprimée avec blindés et tirs de bombes lacrymogènes, fut une expérience positive. Il fallait oser poursuivre la lutte. Le lendemain matin, un dimanche, l'église Saint-Michel-Archange sur la Grande-Avenue était occupée par un groupe de femmes. Cette fin de semaine-là, je travaillais de nuit à l'hôtel Tupahue. Je reçus un appel à la réception me demandant de me présenter à la paroisse après mon travail, car les occupantes m'avaient proposé comme médiateur avec l'évêque Enrique Alvear. Je passai rencontrer le curé, qui était atterré de voir qu'il ne pourrait accueillir ses paroissiens pour les messes. Je lui proposai d'aller dialoguer avec les personnes à l'intérieur du temple et, chemin faisant, il aperçut, déployée sur la façade, une immense bannière dénonçant la répression de la veille. Il blêmit. Avec l'évêque auxiliaire Alvear, un homme très proche des secteurs populaires, nous arrivâmes à un accord : les occupantes passeraient la nuit dans l'église. Nous leur fournirions des uniformes scolaires du collège de jeunes filles attenant à la paroisse. Le lundi matin, les militantes se fondirent parmi les étudiantes à la sortie des classes et retournèrent tranquillement chez elles sous le nez des soldats. Il n'y eut pas d'arrestations.

Le squat de La Bandera

J'étais informé que les camarades du MIR préparaient une occupation de terrain. Le quartier La Bandera était né de cette façon-là. Mais cette fois-ci, nous étions soumis aux mesures de guerre et il fallait surtout éviter un massacre. Les sans-logis insistaient cependant pour réaliser le squat coûte que coûte et faisaient pression sur les militants du MIR pour hâter sa réalisation.

Le 22 juillet, en plein hiver, des dizaines de bus loués firent une apparition discrète à La Bandera, à 6 heures, et emmenèrent des centaines de personnes sur des terrains vagues de la municipalité. Il faisait encore noir. Les gens transportaient des matériaux pour planter une cabane : morceaux de nylon, bâches, planches, madriers, provisions et drapeaux chiliens. En moins d'une heure, les 350 familles avaient dressé leurs tentes de fortune, alors que 200 autres avaient été interceptées par les carabiniers chemin faisant.

À 7 heures, un messager frappa à notre porte et nous annonça que l'armée était en train de démanteler les tentes et de réprimer les familles. Je me précipitai sur les lieux et je constatai que tous les hommes avaient été mis aux arrêts et amenés au commissariat. Les soldats pourchassaient les femmes et les battaient. Ils détruisaient avec rage les abris et y mettaient le feu. Un soldat tirait une femme par les cheveux dans la boue et le petit garçon de celle-ci, âgé d'environ cinq ans, agrippait le soldat par la jambe et le mordait. Le courage de cet enfant me fouetta la conscience. Alors que je m'avançais, le fourgon de police se lança vers moi à toute vitesse à travers le champ pour m'intimider. Je l'attendis de pied ferme sans broncher. Le capitaine me cria de m'identifier.

— Je suis le prêtre du secteur. Qu'est-ce qui vous prend de vous comporter comme vous le faites ? lui criai-je.

— Ce sont des subversifs, vous devriez le savoir.

— Eh bien, soyez certain que vos agissements seront connus dans le monde entier ! lui lançai-je.

Alarmées, quelques femmes s'approchèrent pour demander quoi faire. Le squat avait échoué, et bien des femmes s'étaient réfugiées dans des maisons aux alentours. Les voisins démontrèrent une grande solidarité et leur ouvrirent leurs portes. La chapelle, une construction modeste de simples planches de six mètres sur douze, s'ouvrit pour accueillir les réfugiées. L'armée se retira et peu à peu, les femmes cachées dans les maisons des environs réapparurent. J'essayai de les rassurer tant bien que mal :

— Vos compagnons sont détenus, il faut les faire libérer. Nous resterons ici tant qu'ils ne sortiront pas de prison. Ensuite, vous verrez ce que vous pouvez faire.

Des voisins apportèrent de la nourriture. Il y avait de très nombreux nourrissons, et il fallait voir à nous organiser le mieux possible. Un boyau d'arrosage branché chez un voisin amenait de l'eau à la chapelle.

Le soir venu, vers 19 heures, les hommes enfin relâchés arrivèrent en trombe, inquiets de savoir ce qui était advenu de leurs petites familles. Ce fut un moment de grand soulagement. Il fut décidé sur-le-champ que l'occupation de terrain se poursuivrait dans la chapelle. Les gens me demandèrent de les accompagner par souci de sécurité, car, espérait-on ingénument, ma présence réduirait les risques de répression. La nouvelle courut aussitôt dans tout Santiago : des sans-logis occupent une chapelle de La Bandera !

L'organisation du campement se déroulait dans le chaos et l'enthousiasme, avec une multitude de problèmes d'intendance. Durant des mois, travailleuses et travailleurs vinrent offrir qui un petit sac de riz, qui des haricots, du sucre, de la farine ou du lait, etc. Une grande marmite, prêtée par une tablée populaire, fumait tout le jour; on répartissait la soupe. Le froid était intense à cette époque, et durant la première nuit, il gela. Les femmes et la centaine de poupons dormirent à l'abri dans la chapelle, alors que nous, les hommes, campions dehors, entassés près de la porte et brûlant des pneus pour nous réchauffer. Une garde de nuit resta de vigie pour donner l'alarme en cas d'intervention des forces de sécurité.

Le lendemain, des torrents de pluie glaciale nous tombaient dessus. Nous pataugions dans la boue. Le terrain était trop étroit pour accueillir un millier de personnes, et nous craignions pour la vie des nourrissons. La première journée fut très pénible et les jeunes dirigeants avaient fort à faire. En fin d'après-midi, un officier de l'armée demanda à me parler.

— Vous êtes le responsable de la chapelle ? Vous devez me vider ça au plus vite, sinon nous allons le faire et nos méthodes, vous le savez, ne sont pas les vôtres. Alors, d'ici une heure, je veux que tout ce monde ait disparu.

L'homme était menaçant et semblait décidé à intervenir. Mon confrère André était là. Nous avions convenu qu'il resterait en dehors pour coordonner l'appui du quartier à notre campement.

— André, appelle le cardinal et dis-lui qu'il vienne aussitôt. Ils vont attaquer la chapelle.

Le cardinal Silva était en réunion avec ses vicaires. Il contacta immédiatement les médias et débarqua à La Bandera avec toute son équipe. La télévision fit son apparition en même temps que les bus des forces spéciales de répression. La tension était très grande, il faisait noir, il pleuvait des clous.

Le cardinal Silva était un grand personnage; très chaleureux dans l'intimité de ses amis, en public, il était plutôt solennel et froid. Il arriva avec un visage fermé et tendu. Il n'aimait pas qu'un prêtre soit impliqué dans une telle dynamique. Je l'invitai à entrer dans la chapelle. La porte grinça et un spectacle fellinien s'offrit à nos yeux: partout, des femmes assises sur le sol avec des bébés. Il régnait une odeur insupportable d'urine et de selles. Une clameur mêlée aux vagissements surgit de cet amas de personnes: aidez-nous! Le révérend, ému jusqu'aux larmes, encouragea ces jeunes mères désespérées et promit de les soutenir. La caméra capta la larme cardinalice et la projeta sur les écrans du bulletin de nouvelles. Ce fut une larme salvatrice!

La répression s'était déployée dans les terrains vagues aux alentours, prête à recevoir des ordres. Profitant de la présence des ecclésiastiques et des médias, les dirigeants du squat décidèrent illico d'occuper un terrain adjacent appartenant à la municipalité. En un clin d'œil, des piquets furent plantés, des broches et des cordes formèrent une clôture, tout cela devant le regard éberlué des soldats figés. Nous venions de doubler notre territoire. Pendant tout ce branle-bas, on vint m'avertir qu'une femme enceinte allait accoucher.

— Non! Pas ici, pas maintenant, madame, *por favor*!

Elle reviendrait de l'hôpital, deux jours plus tard, avec son petit Tomás qui fut baptisé, séance tenante, au milieu des sans-logis.

— Quand l'enfant Jésus vint au monde, il n'y avait pas de place pour lui; il dut naître dans une crèche d'animaux. Au Chili, quand naît un enfant pauvre, il est sans-logis. Il faut que chaque enfant puisse être accueilli dans ce pays avec un logis convenable. Alors, ce sera la fête pour les pauvres. Continuons notre lutte!

Le communiqué de presse que les sans-logis adressèrent à l'opinion publique se lisait comme suit:

> [...] l'occupation de ce morceau de terre, nous la réalisons en tant que fils et filles de notre Patrie, car nous désirons un toit digne où nous abriter, parce que nous sommes fatigués de vivre amoncelés dans des réduits misérables. Les autorités tenteront sûrement de nous déloger par la force. Nous voulons seulement leur rappeler que nous sommes des familles travailleuses et que nous n'avons d'autres armes que notre conviction d'agir de façon juste.

Juan Rojas, le camarade du MIR responsable de l'organisation de ce squat, était un ami; j'ai recueilli la réflexion qu'il consigne dans son récit des évènements:

> L'existence d'un courant progressiste et engagé au service des plus pauvres, comme le fut la théologie de la libération, et son expression concrète dans la personne de prêtres engagés avec les pauvres ont beaucoup aidé à rendre possible l'insertion des militants dans les problématiques quotidiennes et réelles des masses dans les quartiers. Ils ont ainsi facilité l'organisation et la mise en place de la lutte revendicative dans les quartiers populaires[64].

---

64. J'ai consulté le récit détaillé de Juan Rojas. Quelques mois après le squat, je le croisai par hasard au ministère de la Défense, menottes aux pieds et aux mains. Par la suite, il dut prendre le chemin de l'exil en Suède. [en ligne]. [memoriamir.cl/index.php?option=com_content&view=article&id=130:la-toma-de-terrenos-en-la-bandera&catid=28&Itemid=64]. (16 décembre 2013)

La Communauté Ita et Carla frappée de plein fouet

Deux semaines plus tard, le 8 août précisément, notre compagne Pilar fut arrêtée au domicile de sa famille par des hommes armés et masqués qui l'enlevèrent en pleine nuit. Elle nous accompagnait depuis notre arrivée à La Bandera, développant la Jeunesse ouvrière catholique (JOC) et participant à la communauté chrétienne, impliquée qu'elle était avec des femmes du quartier et avec la jeunesse. Pilar fut portée disparue durant dix jours et dix nuits, soumise à des menaces de toutes sortes par des spécialistes de la torture psychologique, qui manipulent les personnes par la terreur : peur de la torture physique, peur du viol, peur de mourir, peur de disparaître. Des pressions internationales de la part de l'Action catholique en Europe et au Canada ont sans doute pesé pour qu'elle soit libérée. Elle me confiait récemment :

— J'ai gardé cette douleur durant plus de trente ans, par crainte de toutes les menaces qu'ils m'ont faites. J'ai pu enfin lâcher le morceau, me libérer de tout cela. Ce n'est que récemment que j'ai pu revenir à la vie et découvrir que je fais partie d'un grand plan divin.

Notre Communauté Ita et Carla formait un noyau d'à peine deux douzaines d'adultes et leurs enfants. Nous formions une famille, et ces évènements nous secouaient terriblement. Quelle impuissance de savoir que l'une d'entre nous était aux mains de ces bandits des services secrets ! Était-elle vivante ? Subissait-elle de la torture ? Où se trouvait-elle ? Nous n'étions pas au bout de nos peines. Durant plusieurs jours, une voiture banalisée faisait le guet à notre maison. Ma voisine Marta nous avertit de ne pas nous présenter dans la ruelle. Une famille m'invita à partager sa tente dans le squat, devenu un véritable capharnaüm. Nous campions dans une promiscuité incroyable.

Ce furent des semaines très intenses où j'ai expérimenté une proximité viscérale avec la réalité des plus mal pris de la société, sous un régime criminel qui les écrasait. Moi qui venais du monde confortable du Nord, je vivais là en direct la situation intenable des grandes villes-misère latino-américaines.

La dictature se donne une Constitution

Le 11 septembre 1980, sept ans après le putsch, Pinochet convoquait le pays à un référendum pour faire approuver une constitution. Tous les partis politiques étaient interdits, les prisons débordaient de prisonniers d'opinion, aucune opposition n'était permise et il n'y avait aucune liste électorale. Mais ne nous enfargeons pas dans les fleurs du tapis... nous irons voter démocratiquement! Même moi, un étranger, qui n'étais que résident permanent, je suis allé voter. Et, croyez-le ou non, Pinochet remporta son plébiscite haut la main, avec 67 % de « oui ». La Constitution fut approuvée par la junte militaire, mettant le pays au service de l'entreprise privée et consacrant l'exclusion sociale de la majorité, jusqu'à aujourd'hui. Pinochet inaugurait un mandat présidentiel de huit ans de façon « constitutionnelle ». Vive la démocratie!

Une semaine avant ce vote mémorable, nous allions vivre un nouveau drame. La famille de Sergio, qui était à l'origine de notre communauté, avait accueilli chez lui des réunions de planification du squat. Une nuit, six hommes armés firent irruption dans la cabane. Ils fouillèrent partout, bandèrent les yeux de Sergio et l'enlevèrent, sous le regard horrifié de son épouse et de leurs deux petits. Vers deux heures, Silvia frappa violemment à notre porte en hurlant:

— Ils ont enlevé Sergio! Les enfants sont terrorisés. Qu'allons-nous faire?

Comme nous étions à la veille de l'anniversaire du coup d'État, le régime était sur les dents et la répression s'était intensifiée depuis quelques jours. Deux avocats travaillant pour les services juridiques de l'archidiocèse avaient aussi été enlevés. Le Vicariat de la solidarité dénonça la disparition des deux professionnels, mais se refusa à dénoncer le cas de notre compagnon. J'invitai l'évêque auxiliaire Camilo Vial à la maison pour qu'il rencontre la communauté. Il était visiblement embarrassé.

— Monseigneur, lui dit Silvia, vous devez dénoncer au plus vite l'enlèvement de mon mari. Il faut éviter qu'il ne disparaisse à tout jamais. Vous savez comment ça se passe, aujourd'hui!

— Mais, Madame, je ne connais pas votre mari; il était peut-être impliqué en politique?

— Nous sommes des gens ignorants, monseigneur; nous ne faisons pas de politique. La communauté chrétienne nous a montré notre rôle comme citoyens: on nous a enseigné qu'il faut s'impliquer pour défendre nos droits et la justice. Grâce à notre foi chrétienne, nous nous sommes engagés, et je vous assure qu'aussitôt que nous nous en sentirons capables, nous ferons de la politique. Il n'y a rien d'immoral à cela, bien au contraire.

L'évêque me reprocha de l'avoir mis au pied du mur et ne revint jamais nous visiter. Devant son refus de dénoncer la disparition de notre compagnon, en désespoir de cause, nous décidâmes d'occuper la paroisse de la Recoleta, au centre-ville. Vers 19 heures, nous nous installâmes dans les bureaux du presbytère. Le curé vint nous supplier de renoncer à notre projet, mais nous lui expliquâmes qu'il s'agissait d'une question de vie ou de mort, l'invitant à se joindre à nous, mais il déclina notre invitation.

C'était la veille du référendum. Nous passâmes la nuit à prier et à lire dans les *Actes des Apôtres* comment l'apôtre Pierre fut libéré de sa prison par un ange. Dans l'église adjacente, quelque 250 personnes, en majorité des religieuses et quelques prêtres, vivaient une vigile pour le retour à la démocratie. Silvia et Gabriela décidèrent d'aller les convaincre de nous appuyer. Grâce à cet appui, le lendemain matin, la Radio Chilena osa dénoncer la disparition de Sergio, qui fut libéré le soir même. Un ange était passé.

En novembre, la répression frappa de nouveau; cette fois, elle s'acharna sur Hugo Riveros, un artiste dans la vingtaine qui avait appuyé le squat par des activités culturelles. Il fut arrêté et torturé à la prison de la rue Borgoño par des membres de la Centrale nationale d'information, la CNI. Même si on lui avait bandé les yeux, Hugo avait réussi à voir ses tortionnaires. Durant son incarcération, nous publiâmes plusieurs de ses dessins où il exprimait l'effet que produisait la torture. Ces cahiers artistiques furent vendus pour aider Miriam, sa compagne, et leur petit garçon.

Jugé par un tribunal militaire, Hugo reçut une peine de prison, commuée plus tard en bannissement en Europe. En attendant son départ, on le relâcha et il retourna vivre avec sa compagne et son fils. Il put dessiner avec précision les lieux de la prison secrète où il avait été torturé, ainsi que les visages de ses tortionnaires. Il expédia le tout à l'étranger pour dénoncer le régime, mais la CNI intercepta l'un des colis. Le 8 juillet 1981, à 14 h 30, Hugo fut kidnappé dans sa maison et amené, les yeux bandés, par quatre hommes armés. Son corps fut retrouvé le lendemain soir dans la cordillère des Andes, transpercé de 30 coups de poignard en pleine poitrine. Il était un danger pour la sécurité nationale!

Jamais je n'oublierai le visage crispé du cadavre d'Hugo, expression d'horribles tortures. Ses funérailles eurent lieu dans l'église Notre-Dame-du-Mont-Carmel, où Hugo avait peint un immense tableau de la Vierge Marie, tableau resté inachevé. L'évêque Jorge Hourton, un ami personnel de l'artiste, célébra la messe avec six prêtres. Nous voulions reconduire sa dépouille à pied jusqu'au cimetière, mais sur le parvis, les carabiniers nous assaillirent violemment, nous arrachèrent le cercueil, qu'ils mirent rapidement dans un fourgon, et détalèrent. Je sautai dans un taxi, toujours revêtu de mon aube, et demandai au chauffeur de suivre le fourgon. Arrivé au cimetière, je me précipitai sur le cercueil et exigeai de faire les prières d'usage. Les carabiniers me laissèrent seul dans la chapelle avec la dépouille. À l'arrivée des marcheurs qui venaient en silence, tenant une rose dans un poing serré, nous descendîmes dans un caveau pour y déposer les restes de Hugo.

Quatre murs d'une dizaine de mètres de haut, où étaient casées des centaines de tombes, formaient une cour où il fallait descendre par un escalier étroit. Hugo fut déposé au fond, dans le caveau familial. Aussitôt les prières terminées, je vis un vieil homme se dresser au milieu de la foule; il pleurait de rage, le regard dirigé vers le haut. Tout autour de cette fosse où nous étions blottis, des mitraillettes étaient braquées sur la foule. En dévisageant les soldats, l'homme entonna soudain le chant de *l'Internationale*, en levant le poing vers eux, accompagné de la foule enhardie.

Levons-vous, les pauvres du monde
Debout, les esclaves affamés
Et crions tous unis
Vive l'Internationale!

Unissons-nous tous
Dans une lutte à finir
Et que les peuples s'unissent
Pour l'Internationale[65].

Puis tout le monde remonta silencieusement les marches et sortit du cimetière. La dignité et le courage s'étaient imposés à la force brutale.

Cette période fut pour moi décisive. Il fallait faire corps avec cette population prise au piège dans un pays devenu une grande prison et soumise aux dictats d'une classe possédante égoïste et cruelle. J'avais rêvé de prendre le parti des pauvres. Le temps était venu d'être cohérent. Nous avions pleinement conscience des risques encourus, mais c'était là

65. *La Internacional comunista*, version de l'ensemble chilien Quilapayun.

notre façon de vivre les Béatitudes de l'Évangile: «En marche, les affamés et les assoiffés de justice! En marche, les persécutés à cause de la justice[66]!» Voilà mon *Internationale*!

Un Noël sur la paille

L'année 1980 avait été vécue dans les luttes continuelles; nous avions appris à la dure à résister, et nous en avions payé le prix. En octobre, avec la fin prochaine de l'année scolaire, nous nous préparions à célébrer Noël avec la Communauté Ita et Carla. Mais le moral était très bas; nos familles souffraient beaucoup du chômage endémique, du manque de ressources, de la faim. Comment célébrer Noël dans les ténèbres de l'oppression? Que pourrions-nous offrir à nos enfants pour leur apporter un peu de bonheur? Durant la célébration, tout le monde pleurait amèrement. Oscar, le sage, ranima l'assemblée:

— Noël, ça se fête en famille. André et Claude vivent parmi nous, et nous sommes leur famille. Je propose qu'on célèbre Noël tous ensemble dans leur maison. Nous allons réunir quelques *pesos* à chaque rencontre, selon nos maigres économies, et avec cet argent, nous achèterons ce qu'il faut pour le réveillon. Cela nous évitera de passer des fêtes amères, enfermés dans notre misère.

Je n'oublierai jamais cette nuit de Noël. Il faisait bon en ce début de l'été. Sur le brasero, deux petits poulets doraient, et ça sentait le bon pain de ménage. Salade de pommes de terre et tomates complétaient le menu, sans oublier une dame-jeanne de vin rouge et du chocolat chaud pour les petits. Les enfants eurent droit à un morceau de poulet, alors que les grands durent se bourrer avec les patates. Dans la maison au plancher de bois, de la musique de *cumbias* et de *rancheras* à tue-tête et une danse folle toute la nuit. Je revois encore la belle Irma, avec sa grande chevelure ondulée, *swinguer* sans arrêt. Elle avait reçu un diagnostic de cancer

66. *Évangile de Matthieu* 5, 6.10, dans la traduction d'André Chouraqui.

du sein quelques semaines auparavant, mais à Noël, elle fêta avec intensité. Les enfants tombèrent tour à tour de sommeil, cordés dans nos lits. Noël se célébra dans la joie, la joie des pauvres qui expérimentent leur solidarité, et qui résistent, dans l'espoir d'un monde nouveau.

Durant l'année 1981, le squat des sans-abris installé dans notre chapelle se poursuivit, avec ses hauts et ses bas. Il n'était pas facile pour ces familles de vivre dans la promiscuité, menacées d'expulsion, sans ressources, dans la mire constante des forces publiques et des services secrets « d'insécurité ». Finalement, après une année de luttes, les gens se virent attribuer des terrains appartenant à l'archevêché dans un autre quartier, où ils purent commencer à bâtir un abri temporaire sans craindre d'être expulsés. Le seul fait d'avoir osé défier la répression et d'avoir réussi à maintenir le squat constituait une avancée. Désormais, les mobilisations allaient s'intensifier et l'opposition à la dictature, se structurer et se consolider.

Passablement secouée par les coups durs, la Communauté Ita et Carla put recommencer à se réunir dans sa chapelle. Pendant toute la durée du squat, nous nous réunissions à l'église luthérienne, qui nous accueillait fraternellement. Pilar se remettait mal de son enlèvement et des tortures psychologiques qu'elle avait subies. Pour l'aider à vivre ce choc post-traumatique, on lui proposa d'aller travailler au sein de l'équipe continentale de la Jeunesse ouvrière catholique à Bogotá, en Colombie. Elle y passera trois ans, visitant les équipes de JOC des Amériques, y compris au Québec. Ses tortionnaires l'ont habitée durant toutes ces années, telle une possession diabolique.

Une publication pour les chrétiens dans la résistance

Mon travail dans la résistance serait à l'avenir centré sur la publication d'un bulletin mensuel qui s'adressait aux chrétiennes et aux chrétiens des communautés en secteurs populaires. La publication portait le nom de *Juan Alsina*, un prêtre espagnol fusillé par l'armée lors du coup d'État. Juan était vicaire de paroisse près de Santiago et il travaillait à l'hôpital Saint-Jean-de-Dieu, où il était dirigeant syndical. Il fut arrêté le 19 septembre 1973. Durant la soirée, on l'amena menotté sur le pont Bulnes pour l'exécuter, puis on fit basculer son corps dans les eaux de la rivière Mapocho.

Le soldat qui le fusilla en présence de son capitaine donna plus tard ce témoignage :

> Nous sommes sortis du Barros Arana[67] en jeep. Mon capitaine conduisait et j'allais à l'arrière avec Juan. Juan était menotté et très pensif. Il ne m'a rien dit durant le trajet, et je n'ai eu aucune difficulté à le surveiller. Il se taisait tout simplement. Il savait qu'on allait le tuer, parce qu'au Barros Arana on l'en avait informé. En arrivant au pont Bulnes, mon capitaine freina, et moi, comme je le faisais avec tous ceux que je fusillais, je suis descendu, j'ai sorti Juan du fourgon et je suis allé pour lui bander les yeux, mais Juan m'a dit : « S'il te plaît, tue-moi les yeux ouverts, car je veux te voir pour te pardonner[68]. »

---

67. L'hôpital Saint-Jean-de-Dieu, où Juan Alsina travaillait, est voisin du prestigieux collège Barros Arana, que les militaires occupèrent lors du coup d'État; ils en firent un camp de prisonniers.

68. Carlos González et Carlos Camus, évêques, *El Padre Juan Alsina, testigo de la Fe y del Perdón*, p. 50.

Au cardinal qui n'aimait pas les prêtres ouvriers, l'armée communiqua la nouvelle que Juan était mort dans un affrontement armé. Le prélat, convaincu que Juan était sur le point de laisser sa vocation, crut la version officielle et refusa d'en démordre, malgré les nombreuses interventions d'autres évêques et prêtres amis. Il restait braqué contre le mouvement des Chrétiens pour le socialisme, formé durant le gouvernement d'Allende, et que les évêques s'étaient empressés de condamner deux jours après le coup d'État, exposant ainsi tous les membres de ce regroupement à la répression. Mais jamais, en aucune occasion, les évêques n'ont-ils condamné le putsch des militaires; au contraire, ils y voyaient une action patriotique de l'armée pour sauver la démocratie!

Aussi, pour les chrétiennes et chrétiens engagés solidairement aux côtés du peuple, Juan Alsina était un martyr de l'Église. Son témoignage nous a beaucoup inspirés durant ces années noires de la dictature. Notre bulletin était produit par une cellule de quatre personnes: nous nous réunissions pour planifier la prochaine édition, nous nous répartissions les articles ou nous cherchions des collaborations. Nous faisions le point sur la situation politique, sur les activités de la résistance, nous analysions aussi les positions de nos évêques. Au cœur de cette lutte ardue, des réflexions théologiques et spirituelles alimentaient la foi. Bref, nous cherchions à éclairer la lanterne de nos communautés populaires, dans un régime de terreur où l'information était totalement censurée. Cela représentait beaucoup de travail, étant donné que tout était réalisé dans le plus grand secret. Durant ces quelques années, je pratiquai le métier de journaliste clandestin appris sur le tas.

Une fois les articles recueillis (non signés bien évidemment), une religieuse qui travaillait dans un bureau de l'archevêché les tapait sur des stencils. Quand elle me les remettait, je me rendais à l'imprimerie des Disciples d'Emmaüs; là, je laissais les vingt stencils à une employée chargée du polycopieur *Gestetner*. Durant sa journée de travail, elle imprimait subrepticement les stencils et enveloppait chaque rame avec soin. Je me présentais à 17h05 pile, juste après la fermeture des bureaux, pour recueillir une caisse lourde de dix rames de papier. De là, je me dirigeais vers la résidence d'une dame fortunée qui habitait près du centre-ville. C'est avec elle que durant quelques années j'allais assembler la publication. Madame, dont le frère était amiral, était fière de pouvoir participer à la lutte contre la dictature; elle dissimulait les exemplaires dans sa salle à manger.

Cette personne devint une amie. Elle me préparait des collations, me racontait sa vie, me posait mille questions. Je m'inventais une histoire pour la dérouter: j'étais Suisse, marié, travaillant pour le Conseil œcuménique des Églises à Genève à la promotion des droits de la personne. Je me faisais appeler Eduardo. Je lui parlais de ma femme, de mes enfants que je ne voyais pas beaucoup. Jusqu'à ce qu'un jour deux jeunes du MIR me demandent de célébrer privément leur mariage dans la résidence de leurs parents. Or, cette dame était la tante du marié. Quand on me présenta à la famille, je la vis s'esclaffer. Elle me fit un clin d'œil; j'étais découvert. Je ne retournai jamais chez elle.

Une fois brochés, les numéros étaient empaquetés et distribués avec circonspection auprès des communautés, qui appréciaient chaque numéro et le faisaient circuler. C'était pour moi une façon de contribuer à l'éducation politique des chrétiennes et des chrétiens, en montrant le lien entre la foi et l'engagement politique. J'avais la conviction de poursuivre humblement l'héroïque travail de conscientisation réalisé par les Chrétiens pour le socialisme, qui avaient permis à l'Église latino-américaine d'établir un dialogue fécond entre marxisme et christianisme et de contribuer à édifier une société plus juste.

La hiérarchie de l'Église catholique avait toujours eu le marxisme en horreur, à cause de l'athéisme militant pratiqué dans les pays d'Europe de l'Est. La Conférence épiscopale de Puebla avait mis en garde les communautés: «Pour plusieurs, la peur du marxisme les empêche de s'opposer à la réalité oppressive du capitalisme libéral[69]. » Mais sous le règne de Jean-Paul II, protagoniste dans la lutte contre le communisme en Pologne, nous apparaissions comme des traîtres à la foi chrétienne. Le pape s'opposait énergiquement à la démarche des chrétiennes et des chrétiens qui appuyaient la révolution, en particulier au Nicaragua. En effet, le Front sandiniste avait intégré des religieux dans son gouvernement, notamment le père Miguel d'Escoto, missionnaire de Maryknoll, comme ministre des Relations extérieures, et le père Ernesto Cardenal, moine poète et écrivain, comme ministre de la Culture. Ce que Jean-Paul II refusait d'accepter, c'est le fait que la révolution socialiste au Nicaragua non seulement ne persécutait pas l'Église, mais que la participation des communautés chrétiennes y avait été déterminante. « Entre christianisme et révolution, pas de contradiction ! » Quand le pape se rendit au Nicaragua, ce fut pour réprimander publiquement le père Ernesto Cardenal, provoquant une réaction de colère dans la foule. Convaincu d'être en terrain hostile, il cria d'une voix impatiente à la foule venue l'accueillir : « *Silencio !* » Le peuple du Nicaragua fut humilié par un pape indisposé par la voix des opprimés.

Une séparation sans espoir ?

J'ai rencontré à cette époque Julio de Santa Ana, un théologien méthodiste uruguayen, membre d'un groupe mixte de travail du Conseil mondial des Églises et du Vatican. Il étudiait la relation entre les pauvres et l'Église (prise dans son sens œcuménique) durant la révolution industrielle et l'expansion coloniale de l'Occident. Il en arrivait à la conclusion que les Églises catholiques, protestantes ou orthodoxes ont beaucoup travaillé à soulager les pauvres, victimes du capitalisme mondial, en organisant des œuvres de charité. Mais elles n'ont jamais été capables de s'attaquer aux causes systémiques qui engendrent la pauvreté et l'exploitation. Elles ont toujours reculé quand il s'agissait de remettre en

69. CELAM, Conférence de Puebla, n° 92.

question le système capitaliste, ce qui aurait mis en péril leurs institutions religieuses. L'auteur posait la question suivante: «Y aurait-il une séparation sans espoir entre le sort des pauvres et les Églises?»

La publication du bulletin *Juan Alsina, chrétiens dans la résistance* m'a permis d'approfondir ma connaissance de la réalité chilienne et internationale, et aussi de mieux comprendre le rôle que l'Église des pauvres pouvait jouer dans la libération d'un peuple. Elle m'a également appris à utiliser les moyens de communication pour soutenir l'engagement des chrétiennes et des chrétiens au service de la justice. Les communications sociales ont été un moyen privilégié d'évangélisation et de résistance.

Dans ce pays du bout du monde, la seule façon de savoir ce qui se passait au Chili était la radio à ondes courtes. Toutes les nuits, à minuit, dans un espagnol impeccable, la voix attachante de la journaliste russe Katia Olevskaia nous parvenait de Moscou: *Escucha, Chile!* était notre principale source d'information. L'oreille collée à notre petit transistor, nous apprenions ce qui s'était passé chez nous durant la semaine. Ainsi, grâce aux camarades du Parti communiste chilien en exil, nous étions bien informés.

Mobilisations et répressions

Les chemins de croix du Vendredi saint[70]

J'ai raconté comment nous avions célébré le martyre de l'archevêque de San Salvador lors de la Semaine sainte de l'année 1980. Dans les années qui suivirent, chaque Vendredi saint, durant plus d'une décennie, les communautés des secteurs populaires organisèrent un chemin de croix dans les rues de Santiago. Munis d'écriteaux et de bannières où apparaissaient des textes bibliques, les gens en procession faisaient des haltes sur des lieux qui avaient été témoins de violations des droits de la personne au cours de l'année écoulée. En tel endroit, une personne avait été enlevée; là, une grève avait été réprimée dans le sang; ici, un homme avait été assassiné; dans cet édifice de la police secrète, des militants avaient été torturés. Nous arrêtions notre marche pour prier et remémorer la passion du Christ vécue au Chili par celles et ceux qui avaient été persécutés. Chaque Vendredi saint, des milliers de personnes défilaient ainsi durant trois heures, escortées d'autobus de carabiniers prêts à intervenir. Ces démonstrations de foi avaient l'heur d'agacer les autorités, qui y voyaient une contestation du *statu quo*, mais elles se réservaient une certaine gêne devant la piété authentique qui émanait de cette foule.

---

70. Le Vendredi saint, qui précède le dimanche de Pâques, célèbre la mort de Jésus. Le chemin de croix est une dévotion catholique, où l'on commémore la passion du Christ en parcourant quatorze stations qui en évoquent les différents moments, dans le but de communier à ses souffrances.

Un pèlerinage à Marie, mère des opprimé(e)s

Au plein centre de la grande plaine de Santiago se trouve une montagne couronnée d'un sanctuaire. Une immense statue de Marie surplombe la capitale. Le 8 décembre, les gens s'y rendent en grand nombre pour remercier le ciel des faveurs obtenues, gravissant les marches à genoux, récitant le chapelet, etc. Le jour de la fête de l'Immaculée-Conception, nous nous sommes donc rassemblés par centaines, de grand matin, au pied du mont San Cristóbal. Munies de grandes bannières, les communautés affichaient chacune un verset du *Magnificat,* chant révolutionnaire attribué à Marie dans l'*Évangile de Luc*. Les services d'ordre commencèrent à s'énerver et demandèrent des renforts. Nous récitions le chapelet et chantions des cantiques. Sergio, de la Communauté Ita et Carla, avait peint une image de Marie sur un morceau de carton : une femme du peuple portant un filet à provisions vide. J'entendis alors un carabinier décrire à son chef dans son walkie-talkie :

— Ici, c'est écrit : *Il s'est penché sur l'humiliation de sa servante.* Sur une autre pancarte : *Il renvoie les riches les mains vides.* Est-ce de la politique, mon capitaine ? Oh ! une autre dit : *Il renverse les puissants de leur trône.* Faut-il intervenir ?

Lentement, escortés par les carabiniers, nous gravîmes le mont en faisant des arrêts. Nous relisions des épisodes de la vie de Marie rapportés par les évangiles : la naissance de son fils dans la marginalité, l'arrestation de Jésus, la torture qu'il a subie, sa mise à mort humiliante par les autorités... Puis une pèlerine, s'identifiant à Marie, partageait son propre vécu.

— Marie n'avait pas d'endroit pour donner naissance à son enfant. Moi, je suis une sans-logis, je n'ai pas de toit pour protéger ma famille. Marie est mon inspiration.

Une autre :

— Mon fils a été exécuté par la dictature; il était la prunelle de mes yeux. Il n'avait que dix-huit ans. Je demande à Marie, qui a assisté à l'exécution de son fils unique, de me donner la force de continuer à lutter pour un monde plus juste.

— Mon mari, mon fils et ma belle-fille ont été enlevés, et je n'ai jamais pu savoir ce qu'ils sont devenus. Ils sont disparus. Comme Marie, je veux me tenir debout au pied de cette croix.

Ainsi, des femmes frappées par la pauvreté et la violence pouvaient témoigner de leur foi et s'identifier avec celle qu'on a coutume de nous présenter comme une reine, mais qui fut en vérité une femme du peuple, humiliée et victime de violence.

En arrivant au sommet, nous avions l'intention de célébrer la messe dans la chapelle du sanctuaire, mais en voyant venir cette foule militante le prêtre prit peur, verrouilla les portes et nous refusa l'entrée, malgré notre insistance. Nous nous sommes alors installés dans un boisé d'eucalyptus. Là, nous avons d'abord contemplé la ville qui s'étendait à nos pieds. On y voyait, au pied de la montagne, le centre-ville grouillant d'automobiles, hérissé de gratte-ciel, où se trouvent le pouvoir de l'argent et le pouvoir politique. Puis, au loin, presque invisibles, nos quartiers de la périphérie disparaissaient dans le smog. La ceinture de pauvreté qui entourait la grande ville était invisible du haut de la montagne, comme elle l'était pour ceux qui nous gouvernaient. Pourtant, cette périphérie grouillait de plusieurs millions de personnes qui croupissaient dans la pauvreté, alors que le centre éblouissait par sa richesse. Le prêtre du sanctuaire ne voulait pas nous ouvrir son église. Qu'à cela ne tienne, nous célébrerions dans le boisé !

— Vous avez tous apporté un pique-nique, n'est-ce pas ? Y a-t-il une maman qui aurait une nappe ? Voilà, merci. Étendez-la ici devant nous... Pourrions-nous partager quelques bons pains de ménage pour la communion? Et les messieurs, vous ne sortez jamais en promenade sans une bouteille de vin... voilà, tout y est!

Chantant et festoyant, nous avons réalisé une célébration eucharistique fraternelle pour fêter Marie, une femme comme toutes les femmes de notre peuple qui luttaient quotidiennement pour la vie des leurs. Fait à noter, aucun carabinier ne s'est présenté à la communion.

Le sang coule partout en Amérique

J'ai déjà narré l'impact qu'avait eu sur moi la mort violente d'Hugo Riveros, le 8 juillet 1981. Encore troublés par ce drame, nous fûmes épouvantés d'apprendre qu'un confrère des Missions-Étrangères venait d'être assassiné par l'armée au Guatemala. Raoul Léger, Acadien originaire de Bouctouche, missionnaire laïque, travaillait auprès des paysans mayas. Les peuples autochtones du Guatemala ont vécu dans l'horreur d'une guerre d'extermination et de génocide qui a duré trente-cinq ans. Entre 1966 et 1996, on recense plus de 200 000 disparus, dont 83 % étaient des autochtones. Après un premier séjour dans le département du Quiché, Raoul avait décidé de reporter son mariage avec sa fiancée et d'y retourner pour se joindre à la résistance, bien conscient qu'il pouvait y laisser sa peau. On retrouva son corps criblé de balles dans la capitale. Il venait d'avoir trente ans. C'était le 25 juillet 1981.

Pour notre équipe des Missions-Étrangères au Chili, cela fut à la fois un choc et une prise de conscience que nous n'étions pas les seuls à vivre l'horreur. Dans nos quartiers, nous avons réalisé des célébrations en solidarité avec les peuples d'Amérique centrale qui luttaient pour leur libération politique et économique. Les martyrs guatémaltèques vinrent s'ajouter à nos propres martyrs. Raoul nous permit de découvrir que non seulement dans son pays d'adoption, mais aussi dans le Salvador voisin, la répression contre les paysans était féroce. Ainsi notre solidarité s'ouvrit au-delà du Chili et s'étendit à tout ce continent aux «veines ouvertes», selon l'expression d'Eduardo Galeano. Le Brésil, l'Argentine, l'Uruguay étaient également opprimés par des régimes militaires répressifs. Nous n'étions pas seuls à résister. Ces martyrs étaient une source d'inspiration.

La peine capitale pour trois prisonniers politiques

En juin 1981, Guillermo Rodriguez, chef des milices du MIR, est capturé avec quelques autres compagnons. La rumeur veut qu'ils soient exécutés sommairement à la prison. Les organismes de défense des droits de la personne plaident pour qu'ils aient droit à un procès équitable. La Communauté Ita et Carla décide de dénoncer cette situation en organisant une procession vers la prison. Nous sommes une centaine à sortir de l'église d'Andacollo, en route vers la prison. Dans notre message d'invitation, nous avions pris soin d'indiquer un faux parcours, pour détrousser la répression. Nous réussissons donc à parcourir une certaine distance dans la rue, avec nos pancartes qui rappellent le cinquième commandement de Dieu: «Tu ne tueras pas!» et «Non à la peine de mort!» Nous nous apprêtons à traverser le viaduc qui surplombe l'autoroute panaméricaine lorsque surgissent, des deux côtés du pont, des bus d'unités antiémeutes. Nous sommes coincés. J'invite alors les gens à se mettre à genoux et, levant les mains vers le ciel, devant les carabiniers armés de boucliers et de matraques, nous récitons le *Notre Père* en boucle, ce qui a pour effet de confondre nos agresseurs. Soudain, je me dirige vers celui qui commande la troupe impatiente de frapper. Celui-ci ne me regarde pas. Je lui tends la main. Il ne bouge pas.

— Monsieur l'Officier, j'ai appris au Chili qu'on ne refuse jamais la main d'un homme qui nous salue. Je suis responsable de cette démarche. Nous réalisons une procession de prière pour la protection de la vie.

— C'est de la politique, votre affaire.

— Voyez ces familles avec leurs enfants; ils s'opposent à la peine de mort.

— Cette chose n'a pas été autorisée. Vous n'avez pas le droit de faire cela.

— Très bien, nous allons vous obéir, mais s'il vous plaît, retirez vos hommes et nous retournerons pacifiquement à l'église d'où nous venons. Je sais que vous êtes un homme d'honneur, merci, Monsieur l'Officier.

Rouge d'embarras, mon interlocuteur me tend une main molle et donne l'ordre de nous laisser passer, sous les sourires moqueurs des soldats, qui voyaient bien que leur capitaine s'était fait emberlificoter par le curé *gringo*. Finalement, grâce aux pressions internationales, les prisonniers ne furent pas exécutés. Cependant, quelques semaines plus tard, Guillermo fut empoisonné en prison; il survécut, mais demeure invalide et sans voix jusqu'à ce jour.

La torture détruit tant le torturé que le tortionnaire

Le 15 juillet, une capitaine des carabiniers, Ingrid Olderock, survivait à un attentat commis par une milice de la résistance. Cette femme enseignait la torture à ses collègues. Elle avait dressé des chiens policiers à violer des femmes, dans un endroit secret surnommé *Bandage sexy*. Il est difficile d'imaginer ce que signifie la torture et de comprendre comment on peut amener des êtres humains à réaliser de telles actions. Ces gens ont, pour la plupart, une vie dite normale. Ils exercent un emploi de tortionnaire. De retour à la maison, ce sont des hommes et des femmes qui vaquent à leurs occupations, visitent leurs amis, prennent soin de leur famille. Ils ont la conviction de servir une grande cause en éliminant des «coquerelles» du milieu de la société.

Il n'y a pas de limite à ce que l'on peut inventer pour infliger des souffrances à quelqu'un. Les tortures étaient systématiques: utilisation d'une cagoule sur la tête durant de très longues périodes et les yeux toujours bandés durant les interrogatoires; les coups de poings et de pieds; des coups de crosse de fusil; l'obligation de rester debout; la privation d'eau pendant des jours entiers; des décharges électriques sur les seins, le pénis, l'anus; des menaces de tortures aux épouses et aux enfants en présence du prisonnier; la suspension par les mains menottées; l'immersion de la tête dans un bac plein d'excréments; la simulation d'un peloton d'exécution avec des balles blanches; le confinement dans un espace réduit où il est impossible de s'étendre; le viol et les sévices sexuels, etc.

> Appliquée à ceux qui furent détenus après le coup militaire, la torture recherchait trois objectifs fondamentaux. D'une part, obtenir rapidement de l'information dans le but d'effectuer d'autres arrestations et de démembrer de supposées activités subversives des partis politiques, les partis de gauche. Deuxièmement, briser la résistance du prisonnier, en réduisant à néant sa condition de cadre politique et en le rendant inutilisable pour de futures tâches du parti ou de l'opposition. Enfin, punir le détenu par vengeance pour son affiliation idéologique ou partisane[71].

La torture n'est pas spécifique au régime militaire chilien. Avec la guerre au terrorisme proclamée par George W. Bush en 2001, la torture a refait surface. Amnistie internationale affirme:

> Durant les années suivant le 11 septembre, le gouvernement des États-Unis a violé de façon répétée autant les interdictions internationales que domestiques concernant la torture et d'autres traitements cruels, inhumains ou dégradants au nom de la guerre contre le terrorisme[72].

71. *Rapport du Comité de coopération pour la paix au Chili*, « La répression politique au Chili », chapitre II, La torture, première partie.

72. Site de l'organisme Amnistie internationale. [amnestyusa.org/our-work/issues/torture]. (17 décembre 2013)

Les services de sécurité canadiens ont remis des prisonniers à des pays qui pratiquent la torture pour obtenir des informations sur des citoyens. En Afghanistan, les soldats canadiens remettaient leurs prisonniers aux autorités afghanes, sachant qu'ils allaient être torturés. Dans une directive, le ministre canadien de la Sécurité publique Vic Toews écrit que « le SCRS [Service canadien du renseignement de sécurité] peut remplir son mandat en utilisant de l'information fournie par des agences étrangères qui aurait pu être obtenue grâce à la torture ou de mauvais traitements ». La torture fait partie des stratégies de domination de l'Amérique latine par les États-Unis : l'École des Amériques, jadis située à Panama et maintenant établie à Fort Benning, aux États-Unis, a formé des générations d'officiers et de soldats latino-américains, dont Roberto D'Aubuisson, assassin de monseigneur Romero, le dictateur Hugo Banzer de Bolivie, les généraux argentins auteurs du coup d'État de 1976, ainsi que de nombreux officiers du général Pinochet. Plusieurs élèves de cette école ont participé à des escadrons de la mort et commis des violations graves des droits de la personne. Cette école fonctionne toujours sous le nom d'Institut de l'hémisphère occidental pour la sécurité et la coopération. Il serait erroné de croire que ces pratiques barbares sont le lot de quelques dictateurs exaltés aujourd'hui disparus. Et surtout, nous aurions tort d'oblitérer de notre mémoire ces pratiques abominables, qui détruisent à la fois l'âme des personnes qui en sont victimes et l'humanité de celles qui la pratiquent.

Une fin de semaine éprouvante

Le 11 septembre, l'armée chilienne célébrait sa victoire contre le régime socialiste d'Allende, et la répression se faisait toujours vive à l'approche de cet anniversaire. En 1981, un camarade dans la clandestinité se présenta furtivement chez moi en soirée pour me demander de l'aide. Une cellule de résistants qui réalisaient un coup avait été surprise par la police; en fuyant, les hommes avaient tiré vers le fourgon de police pour couvrir leur retraite, et un militant dans la voiture avait été blessé par ce «tir ami»; une balle lui avait traversé le poumon et l'intestin. Il devait être opéré d'urgence, mais impossible de se présenter à l'hôpital: il serait immédiatement détenu. Sa vie était en péril.

C'était un samedi soir, et le couvre-feu commençait à minuit; nous partîmes à la recherche de quelqu'un qui pourrait nous mettre en contact avec un médecin «de confiance». Après quelques tentatives (impossible d'utiliser le téléphone dans un cas comme celui-là), je rentrai bredouille, juste avant minuit. Le lendemain, dimanche, je me mis en route pour chercher un médecin qui accepterait d'opérer le blessé, avec du matériel d'hôpital, du personnel auxiliaire et un endroit sécuritaire! Nous avions convenu, mon contact et moi, de nous rencontrer toutes les trois heures pour faire le point. Surmontant mille difficultés, je réussis à tout organiser: un médecin qui allait sortir discrètement de l'hôpital tout le matériel nécessaire, une religieuse infirmière retraitée pour assister le chirurgien, un local d'une organisation caritative... À 16 heures, j'arrivai au rendez-vous, fin prêt.

— Camarade, notre compagnon vient de mourir. Que faisons-nous avec un cadavre au troisième étage d'un immeuble d'appartements?

Le temps pressait.

— Faites-lui une toilette, pour qu'il soit propre et convenablement habillé. À 19 heures, dans tel quartier, il y aura une messe. Allez déposer votre camarade devant la porte de l'église à 18 heures; le curé est un homme d'aplomb, je suis sûr qu'il saura se débrouiller. Laissez une lettre adressée au prêtre, lui demandant de donner à votre ami une sépulture digne.

Le lendemain, en première page du journal, ce confrère jésuite était interviewé. Il apprendra, en lisant mon récit, qui l'avait mis dans ce pétrin...

Une petite victoire pour terminer l'année

La fin de l'année 1981 se termina par une petite victoire savoureuse. Un prêtre espagnol ami, que j'avais connu lors de ma première année au Chili, se voit signifier de quitter le pays avec deux collaborateurs laïques. Domingo del Alamo était un homme dévoué, enjoué et grand parleur, adoré de ses paroissiens. Il s'était sans doute laissé aller à des médisances sur la dictature, péché que nous commettions tous, bien évidemment. Bref, un ordre d'expulsion est signifié à nos trois lurons espagnols. Nous organisons aussitôt une manifestation, avec des prêtres et des religieuses, pour faire casser la décision. Le cardinal, outré de voir le régime jouer dans ses platebandes, avait pris rendez-vous avec Pinochet le lendemain matin pour discuter du cas. À neuf heures, sur l'avenue Alameda, en pleine heure de pointe, une centaine de prêtres et de religieuses surgissent de la station de métro devant l'édifice Diego Portales, siège du gouvernement militaire. Nous nous agenouillons dans l'escalier monumental, face à la porte principale, et nous récitons le chapelet. Sur la grande avenue, les automobilistes klaxonnent pour exprimer leur appui. Nous nous sommes entendus pour qu'aucun d'entre nous ne parle aux forces de sécurité. Notre porte-parole est une religieuse chilienne portant le voile, seule désignée pour négocier avec la police. Nous sommes aussitôt encerclés : le capitaine s'arrête tout près de moi, devant un jeune confrère québécois, récemment arrivé et qui parle peu l'espagnol.

— Ton nom ?

Silence.

— Arrêtez-le !

Assis de chaque côté de lui, un autre confrère et moi le saisissons aussitôt par les bras, décidés à nous laisser arrêter tous ensemble. Le capitaine hésite, il hurle, il menace. La porte-parole s'approche doucement, avec un air un peu mystique :

— Nous sommes venus pacifiquement, mon capitaine. Nous voulons seulement prier pour que la rencontre du cardinal avec le président soit fructueuse; nous souhaitons que le père Domingo reste parmi nous.

— Ce n'est pas une place pour prier, ici, ma sœur.

— Pourtant, les frères évangéliques prient partout dans les rues et vous les laissez faire!

Pendant ce temps, nous enfilons des dizaines d'*Ave Maria*. Deux heures durant, de «bons» et de «méchants» gendarmes se succèdent, tantôt pour nous amadouer, tantôt pour nous menacer. Nous détenir signifierait pour eux affronter une flopée d'ambassadeurs mécontents, car la majorité des protestataires sont étrangers. C'est un pensez-y-bien, vu l'image négative du régime à l'international. Finalement, nous mettons fin à nos dévotions en nous dirigeant à pied au Vicariat de la solidarité. Sur la piétonnière commerciale, au milieu de la foule des badauds, nous chantons à tue-tête:

Je t'appelle, Liberté
Je t'appelle au nom de tous
Par ton nom véritable
Je t'appelle et quand la nuit tombe
Quand personne ne me voit
J'écris ton nom sur les murs de ma cité.

Pour l'oiseau dans sa cage
Pour le poisson dans son bocal
Pour mon ami prisonnier
Parce qu'il a dit ce qu'il pense
Pour les fleurs arrachées
Pour l'herbe piétinée
Pour le corps torturé
De mon ami qui ne chante plus
Je t'appelle, Liberté[73].

---

73. Chanson prémonitoire composée par Gian Franco Pagliaro, écrite quelques années avant le coup d'État militaire en Argentine. Elle fut chantée tout au long de la dictature au Chili.

Une virée en Amérique centrale

L'année 1982 débuta par un voyage mémorable. Je partis aux premiers jours de janvier pour Bogotá, en Colombie, visiter notre amie Pilar qui travaillait à l'équipe internationale de la Jeunesse ouvrière catholique. Je la trouvai ragaillardie et heureuse d'être témoin des luttes pour la liberté et la démocratie que les jeunes travailleuses et travailleurs menaient un peu partout sur le continent. Elle avait retrouvé un certain aplomb, même si elle demeurait fragile. Le grand air hors du Chili lui était salutaire pour recharger ses piles, et sa détermination ne flanchait pas.

La révolution au Nicaragua

De là, je me rendis visiter mes confrères du Nicaragua. Quelle émotion pour moi qui vivais au bout du monde, au Chili de la grande noirceur, de franchir la frontière du Nicaragua en plein processus révolutionnaire ! Depuis 1979, la victoire du Front sandiniste de libération nationale avait mis fin à des décennies de dictature et de spoliations du régime de Somoza, et le pays se réorganisait avec un enthousiasme et une volonté populaire impressionnants. Les deux confrères des Missions-Étrangères, Henri Coursol et Jean Ménard, exerçaient leur ministère dans les montagnes du département d'Estelí, haut lieu du sandinisme, dans un climat très dangereux. En effet, les États-Unis finançaient des groupes armés contre le gouvernement, et les affrontements étaient de plus en plus nombreux avec la *contra*[74] basée au Honduras voisin. Le géant étasunien voyait d'un très mauvais œil la victoire des sandinistes au Nicaragua. Le Salvador et le Guatemala connaissaient eux aussi une insurrection populaire armée. On craignait qu'un effet domino ne fasse tomber ces pays d'Amérique centrale hors du champ de contrôle des États-Unis. Le Honduras se transformait alors en «porte-avions» étasunien dans la région, avec ses bases militaires et le libre accès des faucons étasuniens sur tout son territoire. Aujourd'hui encore, on compte dans ce pays d'Amérique centrale au moins treize bases contrôlées et financées par les États-Unis, ce qui n'empêche pas le Honduras d'être le pays où la violence quotidienne fait le plus de victimes dans le monde.

Curé à Totogalpa, Henri Coursol faisait office d'ambulancier avec sa jeep, transportant furtivement des blessés de l'armée nicaraguayenne hors des zones de combat. Les deux confrères, à l'unisson avec l'évêque d'Estelí, appuyaient cette révolution qui favorisait les paysans. J'étais frappé par la jeunesse de la population: les dirigeants, les policiers, les soldats étaient de très jeunes personnes, dotées d'une grande capacité de comprendre les enjeux et décidées à défendre bec et ongles les changements qui s'opéraient en faveur de leur peuple, un peuple fier, debout et mobilisé.

Lors de ce court séjour, on me présenta à des dirigeants sandinistes, à Managua, pour discuter du rôle des chrétiens dans la révolution. Un grand nombre de dirigeants de la révolution avaient fréquenté des écoles catholiques et y avaient été recrutés pour la résistance. J'ai aussi rencontré une mère qui avait perdu ses cinq fils dans la guerre contre Somoza. Elle continuait vaillamment à travailler pour bâtir un pays plus juste et animait une communauté chrétienne de base. Un programme national d'alphabétisation mobilisait

74. Désigne les contre-révolutionnaires opposés au gouvernement révolutionnaire sandiniste, entraînés et financés par la dictature argentine et par la CIA, autorisés par le président démocrate Jimmy Carter.

la jeunesse étudiante et délivrait des milliers de gens de l'ignorance. J'eus l'occasion d'assister à une soirée de poésie émouvante, où des jeunes de toutes conditions, pour la première fois de leur vie, venaient lire leurs compositions. On sentait une véritable résurrection, dans un pays où la misère avait été jusque-là le lot du plus grand nombre. J'en ressortis remué aux larmes et plein d'espoir de voir le Chili revivre un jour son rêve de liberté.

Un Mexique solidaire et fraternel

De là, je me rendis au Mexique pour participer à une rencontre de solidarité internationale avec le peuple du Salvador. L'assassinat de l'archevêque Romero en 1980 et les nombreux massacres de la population avaient déclenché l'indignation populaire. La guerre civile fit rage durant dix années sanglantes, soutenue par les États-Unis qui finançaient généreusement les militaires du Salvador. La CIA et les conseillers militaires étasuniens organisèrent, financèrent et entraînèrent les services de sécurité engagés dans des opérations de «routine»: tortures, arrestations, massacres de paysans, assassinats ciblés. Plus 75000 personnes furent tuées sur une période de 10 ans.

L'évêque de Cuernavaca, Sergio Méndez Arceo, avait convoqué cette rencontre de solidarité des chrétiens révolutionnaires d'Amérique latine. Nous étions près de 800 délégués d'un peu partout, rassemblés dans la cathédrale. Don Sergio fut l'un des hérauts de la théologie de la libération: boudé par ses confrères mexicains, l'évêque promouvait l'engagement social, il appuyait les organisations populaires et les mouvements de libération. Durant les quelques jours que dura cet évènement, je pus constater la force de la solidarité internationale. La rencontre de Rigoberta Menchú, autochtone guatémaltèque réfugiée au Mexique et seule survivante de sa nombreuse famille, fut très bouleversante. La jeune femme nous raconta les horreurs de la guerre génocidaire contre les paysans mayas au Guatemala. On a massacré, brûlé des villages entiers, fait disparaître et exécuté les leaders politiques et spirituels autochtones, dans le but de déstructurer la cohésion et la solidarité des communautés mayas. Des 250000 morts, plus de 92% ont été causées par l'armée et les escadrons de la mort[75].

Enfin, heureux hasard, à ce rassemblement au Mexique, j'eus le bonheur de rencontrer Victor Toro, le dirigeant chilien qui avait organisé la première occupation de terrain à l'origine du quartier La Bandera. Victor était passé par les geôles de Pinochet, avait eu droit au traitement VIP de la torture et avait finalement été déporté. Il me salua chaleureusement: «Salut, curé de mon quartier!» J'étais fier de connaître cet ouvrier dévoué à son peuple, qui était à l'origine d'un quartier organisé de haute lutte.

Ce voyage me confirma dans mes engagements; nous faisions face à une offensive coordonnée contre les forces de changement en Amérique latine. L'idéologie de la sécurité nationale prônait la guerre contre l'ennemi intérieur, cet ennemi étant le peuple insurgé. La direction romaine de l'Église catholique et de nombreux évêques s'alignaient sur les stratégies des États-Unis, adoptant la thèse de l'infiltration marxiste des communautés. Au sommet de la tour d'ivoire du Vatican, convaincus de détenir la vérité, les maîtres de la loi ont démantelé systématiquement, durant plus de trois décennies, une Église populaire qui s'était incarnée parmi les pauvres du continent et faisait route avec eux. Il y avait entre le président Reagan et le pape Jean-Paul II une communion de pensée sur le sujet: la théologie de la libération faisait partie des ennemis à abattre. Wojtyla et Ratzinger nous ont ainsi exposés, complètement nus, à la répression sauvage de nos tyrans et ont livré aux loups des brebis laissées sans pasteurs. L'histoire de l'Église retiendra de ces hommes qu'ils ont été un obstacle redoutable à l'évangélisation dans le continent.

---

75. *Guerra civil en Guatemala. Informe de la Comisión para el Esclarecimiento Histórico* (Rapport de la Commission pour l'éclaircissement historique de la guerre civile au Guatemala) [en ligne]. [marting.stormpages.com/guerragua.htm] (17 décembre 2013)

Au ministère de l'Immigration d'Ottawa

Puis, arrivé au Canada au terme de ce périple en Amérique centrale, je me rendis à Ottawa rencontrer les fonctionnaires du ministère de l'Immigration chargés d'étudier les dossiers des réfugiés politiques. Le gouvernement canadien jugeait alors que la situation du Chili s'était stabilisée et que la nouvelle Constitution votée en 1980 permettait de reconnaître comme légitime le président Pinochet. En fait, on voulait reprendre les investissements canadiens et faire du *business as usual*. Je présentai aux fonctionnaires une vidéo récente filmée par le collectif culturel chilien Ictus montrant de nombreux actes répressifs de la police chilienne contre des opposants. Le document montrait des scènes d'une brutalité incroyable, ce qui me donnait la nausée et me rendait insomniaque chaque fois que je le visionnais. Une scène particulièrement violente montrait un carabinier qui scalpait d'un coup de baïonnette un jeune manifestant devant la cathédrale. Un large pan du cuir chevelu jonchait le sol. Je tentai de convaincre les fonctionnaires de l'importance de considérer sérieusement les demandes de réfugiés chiliens, car la situation était loin d'être normalisée. Ce sont les milieux d'affaires désireux d'investir qui faisaient l'éloge du nouveau modèle économique mis en place par les militaires.

L'Église de Santiago vire son capot de bord[76]

Je retournai au Chili à la fin de février 1982. Depuis le retour à la normale (!) dans le quartier La Bandera concernant le travail pastoral, je notais une certaine méfiance de la part du vicaire épiscopal. Il finit par exiger de moi que j'expulse Reinaldo de la Communauté Ita et Carla, affirmant qu'on ne pouvait être à la fois membre du MIR et de l'Église.

— J'ignore qui est membre du MIR et qui ne l'est pas, lui répondis-je, mais je suis certain que ce jeune homme est un chrétien authentique. Ni moi ni toi n'avons à juger si quelqu'un est croyant. La foi est un don de Dieu. Notre rôle de pasteurs est de faire communauté avec les personnes que Dieu nous a confiées. Je n'expulserai personne de la communauté.

L'évêque Camilo rappliqua quelque temps après.

— La Bandera est un immense secteur. Il faudrait abandonner ce projet de communauté de base et organiser une véritable paroisse avec les services normaux des sacrements.

— Tu es l'évêque, à toi de décider ce que tu veux faire à La Bandera. Notre projet de communauté populaire a reçu l'appui de ton prédécesseur, en présence de tous les agents pastoraux de la zone. Nous sommes des missionnaires et nous avons choisi de travailler là où l'Église

76. Expression québécoise qui désigne quelqu'un qui change d'allégeance politique.

n'est pas implantée. Voilà pourquoi je ne suis pas candidat à être curé de paroisse. Je sens chez toi beaucoup de réticences à notre égard. À toi de décider.

— Non, non, je vous apprécie beaucoup; mais je voudrais créer une paroisse.

Mon sort se dessinait peu à peu; j'aurais bientôt à déménager. La relation avec Camilo se dégrada progressivement durant l'année, jusqu'au moment où je pris la décision de partir. J'étais brûlé à ses yeux, ayant été à la tête de plusieurs manifestations publiques où j'apparaissais comme un dirigeant. On m'identifiait comme un homme aux idées de gauche, ce qui me discréditait auprès d'eux. Des prêtres d'extrême droite avaient libre accès aux micros et aux caméras de la télévision nationale pour vanter le régime. Beaucoup d'autres membres du clergé affichaient leur sympathie pour la Démocratie chrétienne sans encourir de reproches de leurs supérieurs, mais il n'était pas bien vu de collaborer avec la gauche et de se tenir avec des «pécheurs».

Atelier biblique Santiago 1982

Chemin de croix du Vendredi saint 1982

Je déménage au nord de la capitale

Dans la zone nord de Santiago, les prêtres de Maryknoll et un confrère des Missions-Étrangères avaient mis sur pied un Centre de réflexion pastorale, dans le but de promouvoir la théologie de la libération dans les pratiques courantes de l'Église locale. Le centre se spécialisait dans les ateliers bibliques, l'éducation populaire, la théologie de la femme et l'écologie. Mon confrère André Drapeau m'invita à me joindre à leur équipe, ce que j'acceptai avec soulagement. Je quittai ma maisonnette de La Bandera et déménageai dans le quartier La Pincoya, à l'extrême nord de la capitale, en mars 1983. André Dionne avait déjà déménagé ses pénates dans la zone orientale. À La Bandera, nous laissions une communauté orpheline, qui fut passablement affectée par ce vide. En effet, deux prêtres chargés de fonder une paroisse y furent nommés. Ils reçurent l'ordre de l'évêque d'en finir avec cette Communauté Ita et Carla, qui dut souffrir beaucoup d'exclusion et de méfiance de leur part. Les membres se dispersèrent, et la communauté connut un creux prolongé. Puis, un jour, un membre de la communauté, du nom de Pinochet (ça ne s'invente pas!), convoqua les gens et leur tint à peu près ce discours:

— Nous avons cheminé durant des années avec Ita et Carla, deux religieuses qui nous ont donné le témoignage suprême en offrant leurs vies au Salvador. Puis nous

> avons reçu deux prêtres canadiens, Claude et André, qui nous ont préparés pour devenir les évangélisateurs et évangélisatrices de notre milieu. Ils nous ont confié la mission d'évangéliser notre quartier. Et nous, qu'est-ce que nous avons fait? Nous nous sommes découragés à la première épreuve. Nous devons réagir et reprendre du service.

Et voilà que «notre» Pinochet relança la communauté; les membres cherchèrent le dialogue avec la paroisse, acceptant d'y participer selon leurs talents, et se donnèrent la mission de rappeler à la paroisse que l'engagement social faisait partie intégrante de la mission de l'Église.

Chemin de croix du Vendredi saint 1982

Le cardinal Silva arrivait à l'âge où il devait présenter sa démission au Saint-Siège. Parmi ses adversaires farouches se trouvait le prêtre Jorge Medina, prochancelier de l'Université catholique. Il aspirait à l'épiscopat. Homme de droite, adepte de la dictature, il voyageait régulièrement à Rome pour faire la cour aux cardinaux et dénoncer les soi-disant accointances du cardinal Silva avec les « subversifs ». Mais quand la démission du cardinal fut acceptée, Medina fut écarté : Rome présenta un autre conservateur proche du régime. Juan Francisco Fresno assuma la direction de l'archidiocèse de Santiago en mai 1983. Ce fut pour l'Église de Santiago un virage à 180 degrés en ce qui concerne l'option pour les pauvres. Madame Pinochet déclara à la télé, émue :

— Nos prières ont été exaucées.

Le nouveau leader religieux arrivait dans un moment de grandes tensions sociales. Il prit l'initiative de rencontres secrètes à l'archevêché entre des gens du régime et de l'opposition des secteurs réformistes, mais en excluant la gauche. L'idée était de réconcilier les élites chiliennes entre elles pour un retour à une démocratie formelle, sans participation populaire.

Quant à Medina, il fut ordonné évêque par Jean-Paul II à Saint-Pierre de Rome et, après quelques années comme évêque au Chili, il gravit les échelons les plus élevés de la curie romaine pour devenir cardinal et préfet de la Congrégation pour le culte divin. Voilà une brillante carrière ecclésiastique pour récompenser un fervent partisan de la dictature militaire, qui avait déclaré, au Chili, en 1990 :

— La démocratie, cela ne signifie pas automatiquement que Dieu veut la mettre en pratique.

Les grandes journées de protestation nationales

Les luttes de résistance nous ont démontré que, malgré la force apparemment invincible du monstre totalitaire que nous affrontions, il est toujours possible de trouver une fissure où la lumière peut s'infiltrer. Il s'agit de découvrir là où le système craque. À partir de 1983, le régime commençait à se lézarder, mais il maintenait toujours une poigne d'airain. En même temps, les conditions changeaient pour nous, chrétiens dans la résistance; nous étions de plus en plus marginalisés dans l'Église de Santiago.

Le 11 mai eut lieu la première grande journée de protestation nationale. Organisée par la Confédération des travailleurs du cuivre, elle reçut l'appui de divers groupes politiques, sociaux et des secteurs populaires. Le pouvoir fut pris de court devant l'importance de l'évènement. L'armée fut déployée, particulièrement dans les quartiers de la périphérie, et l'on procéda à des centaines d'arrestations. Quelques jours plus tard, la troupe envahit certains quartiers populaires; les soldats fouillèrent cinq mille maisons et firent sortir tous les hommes de quatorze ans et plus dans des champs vacants. On les tint là toute la journée, en caleçons, pour vérifier leur identité. Le but de l'opération était de semer la panique dans la population.

Ces protestations, sortes de grèves générales de nature politique, exigeaient la fin de la dictature et réclamaient «pain, travail, justice et liberté». Elles se répétèrent mois après mois, jusqu'en 1986. Quelques jours avant la manifestation, des graffitis apparaissaient sur les murs appelant à la grève, et des tracts étaient répandus un peu partout. Le matin même, les autobus s'abstenaient de sortir, de peur de faire endommager leurs pneus ou de voir leur véhicule détruit par le feu. Privés de transports, les gens des quartiers périphériques ne rentraient pas au travail ou y parvenaient difficilement. Il y avait beaucoup d'absences aussi dans les écoles. Au centre-ville, de petites manifestations éclair se réalisaient durant la journée, les gens jouant au chat et à la souris avec la police. Dans les campus universitaires, l'affrontement était plus direct et les étudiants bloquaient les routes, arrêtaient la circulation en faisant face aux véhicules de police. En fin d'après-midi, les travailleurs rentraient tôt à la maison et, aussitôt la nuit tombée, débutait un grand ramdam: bruits de casseroles, barricades de pneus en flammes, cris et slogans affrontaient la troupe dépêchée avec blindés, gaz lacrymogènes, baïonnettes et hélicoptères. Il y avait toujours des morts dans les quartiers populaires.

Au mois d'août fut créé le Mouvement démocratique populaire (MDP), une coalition regroupant le Parti communiste, un secteur du Parti socialiste, le Mouvement de la gauche révolutionnaire (MIR) et d'autres organisations. L'objectif était d'en arriver à faire front commun avec l'Alliance démocratique qui, elle, avait déjà commencé à flirter avec le régime. La résistance chrétienne choisit de s'articuler avec le MDP et organisa des rencontres régulières entre leurs dirigeants politiques et des agents de pastorale des communautés de base dans les différents secteurs de Santiago.

Cependant, nous voulions empêcher que les communautés de base ne soient instrumentalisées par les partis politiques. Certains membres de nos communautés militaient dans un parti de gauche ou au sein de la Démocratie chrétienne. Dans les secteurs populaires, les communautés s'opposaient à la dictature, mais refusaient avec raison d'être manipulées par les partis. Dans les contacts avec le MDP, nous discutions des mobilisations à venir et des initiatives que nous pensions prendre. Nous ne voulions pas être de simples spectateurs de ce qui se passait dans la rue, nous voulions y participer tout en gardant notre indépendance. Le climat de ces rencontres était fraternel et ouvert.

— N'essayez pas d'infiltrer nos communautés; cela est contre-productif et démobilisant. Nous sommes déterminés à en finir avec la dictature, mais nous voulons le faire à partir de nos propres valeurs, en solidarité avec le mouvement populaire.

Notre vicaire épiscopal, Damián Acuña, un prêtre de grand cœur et proche des gens, se tenait informé de tout ce qui se passait dans la zone nord. Nous avons souvent fait appel à lui pour protéger des personnes persécutées, pour être témoin de violations des droits de la personne, pour intervenir auprès des autorités ou même pour des sauvetages risqués dans les souricières de la police secrète. Dans une homélie, il déclarait en septembre 1983:

> Qu'il est lamentable quand récemment et aussi lors d'autres manifestations des gens sont venus demander de l'aide, parce qu'ils ont reçu des coups ou qu'on a détruit leurs biens! Nous leur disons: «Vous devez porter plainte, vous devez vous présenter à la justice, vous devez signer de votre nom une plainte en justice.» Et ces gens nous répondent presque tous: «Je ne veux pas le faire, j'ai peur.» Combien de gens blessés ont vu leurs plaies s'infecter, combien n'ont pas voulu porter plainte pour avoir été frappés? Il y a même des personnes qui ont perdu un membre de leur famille et ne veulent pas le dénoncer... Eh bien, nous devons vous dire: relevez la tête, reconnaissez votre dignité, soyez vraiment courageux[77].

77. Archives virtuelles du Vicariat de la solidarité de l'archevêché de Santiago, *Chemin de croix de notre peuple*, homélie du père Damián Acuña, septembre 1983 [en ligne]. [archivovicaria.cl/archivos/VS4b4f4713062f4_14012010_132pm.pdf]. (17 décembre 2013)

Lors de la quatrième journée de protestation, mon compagnon Robert Dufour et moi avions mis sur pied un petit dispensaire de fortune dans une chapelle du quartier La Pincoya pour recevoir les blessés pendant les affrontements. Un groupe de jeunes chrétiens s'était constitué en équipe de brancardiers pour transporter les blessés et les mettre en lieu sûr. Je m'étais rendu à la faculté de médecine rencontrer des étudiantes et des étudiants pour leur parler de ce qui se passait dans les quartiers populaires lors des journées de protestations. Ces universitaires, issus pour la plupart de secteurs aisés, n'avaient jamais mis les pieds dans la périphérie. Une jeune femme offrit de nous accompagner pour les deux jours qu'allait durer la *protesta*. C'était le 11 et le 12 août 1983. Je l'accueillis à notre maisonnette située au fond du quartier, au pied de la cordillère des Andes. En fin d'après-midi, nous sommes sortis pour vérifier comment les choses se passaient. L'armée s'était installée dans la rue principale, et les militaires se promenaient avec des chiens policiers bien nourris, ce qui mettait en furie la meute des chiens affamés du quartier. Une clameur canine retentissait de partout; même les chiens pauvres participaient à la protestation ! Au début de la soirée, une dizaine de barricades de pneus enflammés se dressèrent tout au long de cette avenue. Le courant électrique fut coupé et nous fûmes plongés dans la plus complète obscurité. Les gens frappaient sur des casseroles et criaient des slogans. La répression poursuivait les manifestants qui fuyaient dans les ruelles. Le quartier fut asphyxié de gaz lacrymogènes, les militaires tiraient dans les vitres des maisons avec des frondes et des balles d'acier. Les petits blindés pourchassaient les jeunes gens pour les attraper, et l'hélicoptère traquait les fuyards sous un faisceau de lumière intense.

Notre équipe de brancardiers dut jouer de ruse et d'audace pour recueillir les blessés et les transporter jusqu'à la chapelle. Notre apprentie docteure universitaire reçut un homme qu'on avait frappé avec une baïonnette. Ce jeune Mapuche à la crinière noire très touffue avait une longue coupure béante sur le dessus de la tête. Il hurlait de douleur, et il était pratiquement impossible de recoudre la peau dans cette forêt de cheveux. Les militaires tiraient avec des fusils à plomb. Des blessés nous arrivaient criblés de grenailles dans le ventre, le visage, les jambes, etc.

Soudain, l'un de nos compagnons nous fit signe de faire silence et m'invita à regarder par les fentes entre les planches de la chapelle. Nous étions entourés de soldats agressifs qui pointaient leurs armes vers nous et nous criaient des insultes :

— Curé communiste, c*&dtm ! nous savons que tu caches des subversifs. Nous allons t'avoir.

Pendant de longues minutes, nous restâmes couchés au sol sans bouger… et sans respirer, mais après un moment, nos « amis » étaient repartis. Ouf ! Mon ange gardien retrouva sa sérénité.

Le lendemain matin, je sortis faire une tournée de reconnaissance. La *protesta* s'était calmée. On comptait six cadavres de jeunes gens, tous assassinés à coups de baïonnettes, dans notre seul quartier. (Le bilan global fut de 29 morts à Santiago durant cette grève-là.) L'un d'eux était un jeune homme que je connaissais bien ; à seize ans, il gagnait le pain de sa famille au chômage en vendant des aspirines aux passagers des autobus. La mère du jeune ainsi que de nombreuses autres femmes du quartier et de jeunes compagnons de son fils formèrent le cortège funèbre. Nous portâmes au cimetière le cadavre de cet adolescent tout le long de l'avenue Recoleta. Robert et moi avions revêtu une aube blanche pour imposer un certain respect aux forces de sécurité. Au moment de passer devant la caserne des carabiniers, les femmes déposèrent le cadavre à l'entrée et crièrent leur rage et leur peine aux policiers invisibles, retranchés à l'intérieur. La marche se poursuivit durant deux bonnes heures, avec beaucoup de détermination, en pleine rue. Arrivés au cimetière, devant la fosse, on me demanda de faire une prière :

— Jésus a dit : « Si le grain de blé ne tombe en terre et ne meurt, il ne porte pas de fruit. Mais s'il meurt, il donne du cent pour un. » Pour un qui tombe, cent se lèveront.

Aussitôt, la police donna la charge. La foule se dispersa sous les coups de matraque.

C'est dans ce climat de luttes dures et tragiques que les peuples d'Amérique latine et des Caraïbes continuent de se battre pour la libération politique, économique et sociale. Quand je regarde aujourd'hui la jeunesse arabe des pays du Maghreb se révolter contre les dictatures, affronter l'armée et sa répression, je vibre d'un grand espoir de voir un jour la fin de ce régime de mort que le pouvoir de l'argent et des multinationales impose à tous les peuples du monde. La jeunesse du monde aspire à la liberté et elle est prête à payer de sa vie pour que les peuples puissent vivre décemment. Un autre monde devient possible.

La Bible, une puissante arme de libération

À mon arrivée dans la zone nord en 1983, Damián, notre vicaire épiscopal, me recommanda fraternellement de ne pas faire de vagues, car on m'avait à l'œil à l'archevêché. Je sentis qu'il voulait me protéger et je lui en sus gré. Au même moment, les camarades de la résistance me donnèrent l'ordre de ne prendre la direction d'aucune initiative publique, pour éviter la répression et une possible expulsion du pays. Je devais disparaître de l'avant-scène. Je m'impliquai donc avec enthousiasme à l'organisation d'ateliers bibliques dans les paroisses de la zone. Nous inspirant de la large expérience d'un bibliste du Brésil, Carlos Mesters, qui avait élaboré une méthode de relecture de la Bible avec les communautés de base, nous avons décidé, à l'équipe du Centre de réflexion pastorale, d'offrir de la formation biblique dans la zone nord et de former, parmi les agentes et agents de pastorale, des «biblistes populaires». Il nous apparaissait urgent de voir à la formation théologique des femmes et des hommes qui constituaient nos communautés, pour pouvoir être en mesure de défendre l'option préférentielle pour les pauvres.

Nous avons été débordés de demandes; les gens avaient besoin de se situer solidement dans leur foi pour traverser cette longue nuit. Les formations se donnaient dans les chapelles en début de soirée, et les gens arrivaient souvent aux ateliers bibliques directement du travail. Les groupes pouvaient varier de 25 à 80, et il y avait parfois même plus de 100 personnes. La session s'échelonnait sur cinq soirs, à raison de deux heures par soir. On retrouvait là des gens de tous âges, et notamment beaucoup de jeunes.

Un soir, je m'étais posté à la porte et j'accueillais les gens avec de grosses briques fabriquées dans un énorme four artisanal juste en face. Je souhaitais la bienvenue à chaque personne en lui remettant... une brique! Celle-ci était lourde et salissante; cela créait un malaise. En amorçant la soirée, je demandai aux participantes et participants de déposer leur brique sur eux et de prendre un moment de silence pour se demander: «Qu'est-ce qui me pèse le plus dans la vie?» Puis, avec des craies, ils devaient inscrire un seul mot sur la brique.

— Maintenant, je vais vous demander de venir vous présenter à l'avant et nous dire quel mot vous avez écrit.

On y lisait des mots comme faim, chômage, pauvreté, maladie, peur, Pinochet, carabiniers, prison, etc. La réalité du peuple se dessinait en peu de mots, et l'émotion grandissait. Puis soudain s'approcha *la señora María*, toute timide, portant à grand-peine son énorme brique. Pour la première fois de sa vie, elle prenait la parole devant un groupe. Elle montra sa brique en baissant la tête: *marido*! La violence de son mari était son poids le plus lourd. À mesure que les gens défilaient ainsi, nous armions une sorte de pyramide évoquant l'Égypte des pharaons. Réunis tout autour de cette pile de briques illuminée de bougies, on lut le texte qui raconte la vocation de Moïse: l'esclavage des Hébreux en Égypte, les mauvais traitements des chefs de corvées, l'oppression de tout un peuple et un Dieu qui les écoute et les voit, un Dieu qui vient les délivrer de leurs oppresseurs. Suivirent des chants de liberté et des prières. En révisant la soirée, une maman prit la parole:

— Moi, j'interdis à mon fils d'aller manifester. Ça m'effraie, il se passe tellement de choses! Mais ce soir, j'ai compris que mon enfant peut être un Moïse. Il doit faire sa part pour la liberté de notre peuple. Maintenant, je vais mieux accepter qu'il sorte à la rue, même si je suis morte de peur.

Dans une paroisse, au moment de commencer le cours, un monsieur leva la main.

— Père Claude, nous vous connaissons pour être un homme politisé. Ici, nous sommes venus à un cours de Bible, et nous vous demandons respectueusement de vous en tenir à la Bible.

C'était clair et net: pas d'allusion à la réalité. J'encaissai la remarque et le rassurai aussitôt:

— Pour que vous soyez plus tranquilles, je vais vous demander de choisir vous-mêmes les textes que nous allons étudier. Regroupez-vous en cinq équipes et choisissez un texte que vous aimeriez étudier.

Les gens commencèrent à feuilleter ce gros livre que plusieurs n'avaient jamais tenu en main, plutôt perdus dans cet ouvrage touffu. L'équipe de mon interlocuteur choisit un texte du prophète Amos.

— Nous sommes tombés par hasard sur Amos. Je n'avais jamais entendu le nom de ce personnage. Ça pique ma curiosité. Pourriez-vous nous en parler?

J'avais le sourire fendu jusqu'aux oreilles. Le lendemain, je mis les gens en dix équipes, qui reçurent chacune un chapitre d'Amos. C'est un prophète très radical. Paysan pauvre, gardien de vaches, il part interpeller le roi de Samarie et lui parle crûment, reprochant aux riches leurs profits faits sur le dos des paysans.

— Lisez votre chapitre d'Amos et montez une courte saynète par laquelle vous allez communiquer ce que dirait Amos s'il vivait parmi nous aujourd'hui.

Dans la deuxième période, nous avons partagé les sketches et, soit dit en passant, les Chiliens adorent faire du théâtre. Ce fut un feu roulant de rires: chaque équipe avait transposé le message d'Amos dans la réalité du pays. Tout y passait: la dictature, la première dame, les requins de la finance, etc. À la fin de la soirée, je fis remarquer qu'on n'avait pas beaucoup parlé du bon Dieu. Mon interpellant du début prit la parole :

— Je pensais que Dieu ne s'intéressait pas à ce que nous vivons. Amos m'a aidé à comprendre qu'au contraire le Seigneur est bien inséré dans notre réalité et qu'il n'est pas indifférent à ce qui nous arrive.

Le mouvement biblique populaire prit beaucoup d'ampleur durant cette période tourmentée; il contribuait à maintenir l'espérance que les choses pouvaient changer. Les gens appauvris et opprimés découvraient un Dieu qui était de leur bord. Chez les jeunes en particulier, cela avait un effet mobilisateur. Aussi, de concert avec mes confrères missionnaires, je mis sur pied des ateliers pour des jeunes des quartiers populaires : les « Biblistes populaires ». Nous donnions dix week-ends par année dans une maison de retraite. Nous présentions l'histoire des luttes ouvrières, paysannes et urbaines du Chili, thèmes proscrits sous la dictature. Le lendemain, nous réfléchissions sur les textes bibliques en faisant remarquer que si on parle d'une histoire sainte dans la Bible, c'est que les protagonistes d'alors ont vécu les évènements avec toute l'intensité de leur foi. Notre histoire chilienne est tout aussi sainte si nous savons y discerner le Souffle de Dieu. Ces formations furent très populaires et se répétèrent durant quelques années, avec une présence de 40 à 50 jeunes adultes. Plusieurs de ces gars et filles s'impliquaient par la suite dans un parti politique pour y prendre leur place comme croyantes et croyants. Pour eux, la Bible devenait vivante; ses histoires reflétaient leurs propres histoires. Elle servait de miroir pour regarder notre réalité humaine misérable à la lumière de la foi et nous remettait debout, en marche. La popularité de ces ateliers parvint en haut lieu, où circulait la rumeur que je contribuais à corrompre la jeunesse.

Un jour, dans un groupe de femmes, nous parlions de Marie, la mère de Jésus. Le peuple a une grande dévotion envers celle qu'il désigne comme «la Vierge». Un sanctuaire national a été construit à Maipú par les forces armées du Chili, qui ont choisi Notre-Dame-du-Mont-Carmel comme leur patronne et générale en chef! On l'appelle la *Carmencita*, et elle est représentée sous les traits d'une reine espagnole avec l'infant d'Espagne dans ses bras. Revêtue d'un manteau brodé d'or, couronnée d'un diadème précieux, elle surplombe les drapeaux du Chili et à ses pieds se trouvent les vaillants soldats avec leurs canons, défendant la Patrie.

— Vous avez là l'image que les puissants nous ont fabriquée de la Vierge. Maintenant, nous allons lire, dans l'*Évangile de Luc*, le chant qu'elle a entonné quand elle a visité sa cousine Élisabeth. En groupe, comparez l'image de Marie à son chant et modifiez l'image pour l'ajuster au texte de la Bible.

Je les entendais rire. Soudain, une grand-mère me cria :

— Nous l'avons laissée toute nue! Que faisons-nous maintenant? Elle dit qu'elle est une servante humiliée, alors nous lui avons enlevé son manteau royal. On connaît ça des servantes humiliées, nous autres! Puis la couronne et les bijoux, nous les avons vendus pour financer la cuisine collective et nourrir nos enfants. Les canons et les militaires n'ont pas d'affaire là non plus. Jésus a été crucifié par des soldats. La Vierge dit que Dieu va renverser les trônes des puissants : nous avons hâte de voir ça! Vous savez, Claude, nous avons toujours su que la Vierge était une femme du peuple comme nous; mais nos prêtres nous l'ont montrée comme une femme riche et puissante. On n'allait pas les contrarier...

Dans cette lecture de la Bible avec le peuple opprimé, j'ai redécouvert ce livre magnifique, un livre vivant, qui continue de s'écrire chaque jour dans la vie des peuples : un livre actuel, plein de Souffle divin, pour changer le monde. Pas une lettre qui tue, mais un Souffle qui donne vie. Nous sommes à mille lieues des fondamentalistes «endoctrinologues» qui prennent les textes au pied de la lettre et s'en servent pour contrôler et écraser les gens en les aliénant.

J'ai constaté par la même occasion que ce sont les petits de ce monde, les sans-voix, les exclus et les marginaux qui sont les mieux pourvus pour comprendre ces textes. À leurs yeux, ce texte s'anime; ils en saisissent le sens profond. «Je te célèbre, Père, maître du ciel et de la terre, parce que tu as caché cela aux sages et aux lucides et que tu le découvres aux tout-petits[78].» Oui, la Bible s'est révélée être une arme dangereuse contre toute oppression. Aussi a-t-on vu les communautés mayas du Guatemala enfouir la Bible dans la terre, car si les soldats en découvraient un exemplaire dans un village les gens étaient massacrés comme subversifs. Je suis convaincu que l'Église ne renaîtra qu'à la condition de faire corps solidairement avec les pauvres du monde et en relisant le message de Jésus et des prophètes à la lumière de leur réalité. Le jésuite Guy Paiement, qui a consacré sa vie au service des appauvris au Québec, écrivait ceci:

> Si l'on croit qu'un Souffle soulève notre histoire et des millions de consciences, il devient incontournable d'y participer à la mesure de nos capacités. Le croyant et la croyante deviennent alors autant de nomades qui partagent le chemin de tout le monde, emportant dans leurs bagages une espérance qui les dépasse[79].

Pour cela, il faut sortir des ornières dans lesquelles l'Église s'est enlisée en devenant une institution puissante et riche, confortablement installée dans un système capitaliste absolument incompatible avec le message des évangiles.

---

78. *Évangile de Luc* 10, 21.

79. Guy Paiement, «Prendre un autre chemin», dans *Le Devoir*, 24 décembre 2008.

La défense des droits de la personne dans un système répressif

L'une des tâches de résistance qui concernait les chrétiennes et chrétiens engagés dans les secteurs populaires consistait à assister les victimes dont les droits étaient violés, ainsi que leurs proches, et lutter contre l'impunité des agresseurs. J'y ai déjà fait allusion, mais j'aimerais aborder le sujet plus à fond, comme un des aspects de la Bonne Nouvelle aux pauvres, ce que nous, chrétiens, désignons comme étant l'évangélisation. Sur ce point, nous n'avons jamais connu de répit, et lorsque les grandes manifestations de *protesta* ont commencé, les abus se sont multipliés.

Le Vicariat de la solidarité

Nous devons une fière chandelle à l'Église catholique de Santiago, en particulier au cardinal Silva Henríquez et à son équipe. Avec sa formation de juriste, il s'engagea à défendre les droits des victimes par la création en 1976 du Vicariat de la solidarité. On estime que près de 10000 personnes par année y ont reçu de l'aide juridique dans le but de placer un recours d'*habeas corpus* lorsqu'une personne était détenue ou disparue, ou pour des procédures légales et la défense au tribunal. Cela est sans compter les initiatives à caractère humanitaire concernant l'alimentation, l'éducation et la santé, etc.

Le cardinal déclara 1978 année des droits de la personne, prenant l'engagement de lutter pour que «tout être humain ait le droit d'être une personne». En novembre, il convoqua le Symposium international pour les droits de la personne dans la cathédrale. S'y réunirent des représentants des différentes Églises chrétiennes et des délégués d'organismes internationaux. Silva voulait que l'Église catholique serve de parapluie aux organisations politiques d'opposition ainsi qu'aux syndicats et aux organisations populaires. Il voulait ainsi démontrer que l'Église reconnaissait le droit d'association qui était nié au Chili. Nous avons accueilli dans nos locaux ceux et celles qui voulaient rebâtir leurs organisations devenues illégales sous le régime militaire. Sans cette posture ferme de notre pasteur, plusieurs d'entre nous n'auraient pas pu jouer un rôle aussi actif dans la défense des droits. Ces décisions, bien que louables sur le plan éthique, demeuraient cependant illégales et défiaient les autorités militaires qui interdisaient toute réunion.

Chrétiennes et chrétiens pour les droits du peuple

En 1980, à l'initiative d'un groupe de personnalités liées à la défense des droits de la personne, le Comité de défense des droits du peuple (CODEPU) fut fondé. On y retrouvait le prêtre ouvrier Rafael Maroto et la religieuse et avocate Blanca Rengifo, le docteur Manuel Almeyda du Parti socialiste, l'ex-députée communiste Maria Maluenda et l'avocate Fabiola Letelier, dont le frère Orlando, ex-chancelier d'Allende, avait été assassiné à Washington par les services secrets chiliens. Avec ces professionnels, des victimes et leurs familles se sont unies pour lutter contre l'impunité et le retour à la démocratie. Il n'était pas possible de continuer à accompagner les victimes sans dénoncer les agressseurs et sans exiger la fin de la dictature. La défense des droits de la personne exigeait une lutte politique antidictatoriale. Il fallait appuyer les luttes sociales et politiques. Dès ses débuts, le CODEPU a mis l'accent sur la défense juridique, sociale et médicale des prisonniers politiques et des victimes de la torture. La psychiatre Paz Rojas créa un département d'investigation et de traitement pour les torturés, se préoccupant de la santé mentale des personnes affectées par la torture ainsi que de celle de leurs proches.

Pendant toutes ces années, j'ai gardé un lien étroit avec le CODEPU, en créant un groupe affilié, Chrétiens pour les droits du peuple (CRIDEPU). En effet, à la suite du jeûne réalisé en appui aux détenus-disparus dans le collège d'Andacollo, jeûne que j'ai relaté plus haut, j'avais gardé le contact avec des étudiants en théologie de l'Université catholique, qui avaient été allumés par l'idée de s'impliquer dans la défense des droits de la personne à l'université. Il faut dire que l'Université pontificale catholique était le château fort des idéologues de la dictature et de la droite, d'où rayonnaient les économistes *Chicago boys*. Les espaces de liberté y étaient très réduits. Au début, ces jeunes théologiens m'ont invité à donner des conférences sur la théologie de la libération à de petits groupes. Nous nous réunissions dans un coin de la garderie pour enfants, question de ne pas attirer l'attention des gendarmes. Il m'arrivait aussi de rencontrer les étudiants à la cafétéria aux heures de grand brouhaha; nous unissions quelques tables et échangions sur le rôle des chrétiennes et des chrétiens dans la lutte pour la démocratie. Quelques étudiants prirent l'habitude de nous accompagner dans le quartier La Pincoya lors des *protestas*. Ils décidèrent ensuite de réactiver le mouvement étudiant universitaire paralysé depuis le coup d'État et de mettre en branle des activités de résistance sur le campus. Puis, ensemble, nous avons créé un groupe de jeunes chrétiennes et chrétiens qui participaient aux manifestations menées dans la capitale.

À l'approche des fêtes de Noël, beaucoup de sans-travail tentaient de gagner un peu d'argent en vendant divers articles dans la rue. Ces vendeuses et vendeurs ambulants illégaux envahissaient le centre-ville, au grand mécontentement des commerçants qui les accusaient de concurrence déloyale. On voyait alors apparaître les carabiniers avec leurs chiens policiers, poursuivant ces femmes et ces hommes comme des criminels. Celles et ceux qui étaient attrapés allaient passer la nuit en prison, on saisissait leurs produits et l'argent qu'ils portaient. Le CRIDEPU distribua dans la capitale un tract avec une image de la «sainte famille», représentant un chômeur assis avec son coffre d'outils, pensif et découragé. À ses côtés, une femme regardait vers le ciel, et son enfant affamé tirait sur elle pour quémander du pain. Au verso, on pouvait lire une *Prière des vendeuses et vendeurs ambulants*:

> Seigneur, toute la journée je dois fuir ceux qui me poursuivent. Des chiens m'entourent pour me dévorer. On m'accuse de faire du commerce clandestin. On me déteste parce que je suis au chômage et que je m'efforce de survivre. Mon crime à moi, mon Dieu, c'est de vouloir nourrir ma famille. On ne me laisse pas vendre, on m'attaque toute la journée, avec des ricanements cruels, on m'enlève la marchandise, on vole mon argent et on me jette au cachot. Père, comment puis-je appeler frères ces hommes qui m'assassinent? Fais-moi justice en l'honneur de ton nom. Détruis leurs banques, leurs financières, leurs commerces. Mets fin à ce pillage de nos vies. Redonne-nous la vie, la dignité, le travail. Sauve-moi des chiens, Seigneur!

Cette relecture presque textuelle d'un psaume de la Bible, remise de main à main, reçut un accueil enthousiaste. Dix mille copies furent distribuées.

Le CRIDEPU s'activait lors de crimes commis par la dictature; nous organisions une célébration de deuil pour les proches des victimes. Ces célébrations rendaient hommage à des personnes qui payaient de leur vie leur engagement en faveur de la démocratie. Y assistaient des chrétiennes et chrétiens dans la résistance, ainsi que les camarades et la famille de la victime. On lisait des textes bibliques annonçant un monde nouveau, on chantait des chants contestataires, on incitait les gens à rester mobilisés. Par exemple, lorsque le 30 mars 1985 on retrouva les corps de trois dirigeants communistes égorgés, nous organisâmes une célébration œcuménique. Monsieur Roberto Parada accepta notre invitation: son fils, José Manuel, l'une des victimes, travaillait au Vicariat de la solidarité et il nous était très proche. Dans l'église, je demandai à don Roberto, grand homme de théâtre, de lire une poésie du prophète Isaïe portant sur l'avènement d'une paix universelle[80]: il s'y prêta de bonne foi, lui, un athée militant. Avec sa voix magnifique, il nous lut le texte avec émotion. Au plein milieu, il s'arrêta net, au bord des larmes, et me regarda:

— Curé, où as-tu pris ça? C'est magnifique!

Cet homme nous adressa alors la parole avec une force morale impressionnante: la mort de José Manuel ne devait pas nous arrêter; il fallait nous unir, là se trouvait notre force contre la dictature.

Durant ces années, le CRIDEPU ne cessa de s'afficher dans toutes les grandes manifestations, d'organiser des rencontres culturelles, des cours de Bible, de publier des prophéties, des bulletins de nouvelles. Nous avons édité artisanalement 1000 exemplaires des *Psaumes* d'Ernesto Cardenal, de même qu'un livre du théologien salvadorien Jon Sobrino, *Monseigneur Romero, un vrai prophète*. Nous cherchions à penser notre foi et sa pratique dans des circonstances apocalyptiques.

Le mouvement contre la torture Sebastián Acevedo

Le 14 septembre 1983, devant le silence des évêques qui hésitaient encore à dénoncer la torture pour ne pas froisser le pouvoir, un groupe de 70 personnes se réunit en face du 1470, rue Borgoño, à Santiago. Ils y déployèrent une grande banderole où l'on pouvait lire: ICI ON TORTURE! Assis dans la rue, le groupe entonna le chant *Yo te nombro, Libertad* (Je t'appelle, Liberté). La circulation fut perturbée pour un moment, puis le groupe se dispersa.

80. *Isaïe* 11.

Deux mois plus tard, le 11 novembre, devant la cathédrale de la ville de Concepción, s'immolait par le feu Sebastián Acevedo, un homme de cinquante ans dont le fils et la fille étaient en détention et subissaient des tortures. Le pauvre père, désespéré de ne pas avoir de nouvelles de ses enfants, mourut quelques heures plus tard, et la photographie de cet homme en flammes fit le tour du monde. Le mouvement contre la torture décida de prendre son nom comme étendard.

Enfin, le 10 décembre, après dix années de vacillations, la Conférence épiscopale dénonçait la torture au Chili: «Ne peuvent recevoir la communion ni moralement être parrains dans les sacrements de l'Église les tortionnaires, leurs complices et ceux qui, pouvant empêcher la torture, ne le font pas, et ce, jusqu'à ce qu'ils se repentent sincèrement.» Jusque-là, la conférence épiscopale s'était limitée à dénoncer de mauvais traitements. Pour ne pas offenser les autorités, on n'avait jamais osé prononcer le mot TORTURE. Mieux vaut tard que jamais: ça ne lui aura pris que dix ans!

Les manifestations pacifiques se reproduisirent semaine après semaine jusqu'en 1987, chaque vendredi après-midi et dans des endroits différents. Les carabiniers et la police secrète se faisaient très vite présents et, parfois, plusieurs arrestations avaient lieu; dans ce cas, les manifestants insistaient pour accompagner ceux et celles qui étaient détenus. Un jour, sur la grande avenue Alameda, on nous encercla et un camion lance-eau nous arrosa violemment, déversant complètement sa citerne sur nous, qui nous tenions serrés en peloton. Tout trempés, nous repartîmes vers nos demeures dans des autobus bondés, grelottant, dégoulinant et riant à gorge déployée. Nous trouvions un plaisir certain à déjouer la répression. Les badauds, complices, nous souriaient.

La sale guerre d'une armée contre son peuple

Je voudrais évoquer ici deux évènements dramatiques qui nous ont beaucoup secoués. Tout d'abord, l'assassinat du prêtre français André Jarlan, dans le quartier La Victoria. C'était le 4 septembre 1984, lors de la dixième journée de protestation. André était arrivé de France depuis un an et accompagnait le curé Pierre Dubois, qui jouissait d'une grande autorité morale à cause de son engagement courageux auprès de ses ouailles de La Victoria. Le quartier était très combatif, habitué de lutter depuis toujours pour sa survie, et les forces de l'ordre vouaient à ses habitants une haine parfaite.

Ces deux Français s'étaient formés dans la mouvance des prêtres ouvriers et de l'Action catholique ouvrière. Ce jour de *protesta,* les deux pasteurs aidèrent à recueillir et à soigner les blessés, à retirer les cadavres des tués (il y en eut huit), à essayer d'empêcher les blindés d'entrer dans le secteur et de contenir l'ardeur des résidents, pour qu'ils ne provoquent pas les militaires avec des pierres et des cocktails Molotov. Ce fut un véritable champ de bataille qui dura toute la journée. *Padre* Pierre se dressa les bras en croix face aux blindés qui venaient donner l'assaut. Le soir venu, André, un homme plutôt calme et silencieux, se retira dans sa chambre au deuxième étage de la maison. Il avait besoin d'être seul et de se reposer. Quand Pierre entra quelques minutes plus tard, il le trouva assis à son bureau, la tête appuyée sur sa Bible ouverte. Un filet de sang tachait la page. Il avait reçu une balle dans la tête, tirée par un carabinier sur leur maison de planches. Sur cette page rougie, on pouvait lire ce verset du psaume 129: «Du fond de la détresse, je t'appelle au secours, Seigneur!» Les funérailles eurent lieu à la cathédrale trois jours plus tard: des dizaines de milliers de personnes venues des quartiers ouvriers accompagnaient le cercueil en hurlant leur indignation. Le CRIPEDU avait imprimé une affiche avec la photo d'André: «Tu ressusciteras dans la lutte du peuple.» Le parcours et les alentours de la cathédrale en furent placardés. Cet évènement tragique eut pour effet de galvaniser les secteurs chrétiens dans la lutte pour la démocratie[81].

Six mois plus tard, la répression frappa de nouveau dans nos rangs et nous secoua davantage que le tremblement de terre qui ébranla la capitale en mars 1985. En effet, deux jeunes frères d'une famille chrétienne militante, Rafael et Eduardo Vergara Toledo furent abattus par la police. Le 29 mars, on frappa avec violence à la porte de la maison de Manuel et Luisa. Celle-ci se précipita.

— Combien d'enfants as-tu? lui demanda un policier.

— J'en ai quatre, répondit-elle, atterrée.

— Eh bien, il t'en reste deux!

À quelques rues de là, Eduardo et Rafael gisaient dans leur sang, criblés de balles tirées dans le dos. Les deux jeunes étaient passés depuis peu à la clandestinité. À partir de ce jour, ce couple chrétien affronta les pires persécutions et vit soudainement se démanteler une famille heureuse. Ana et Pablo, leurs autres enfants, prirent le chemin de l'exil pour échapper à la mort.

---

81. L'abbé Pierre Dubois, Français nationalisé Chilien, fut expulsé du Chili en 1986. Il y retourna quatre ans plus tard, pour retrouver ses paroissiens de La Victoria. Il y mourut le 28 septembre 2012 auprès des gens qu'il avait défendus toute sa vie. Ses funérailles mobilisèrent des foules des quartiers populaires, qui le portèrent en cortège jusqu'à la cathédrale. «Le père Pierre a été incroyable, il a risqué sa vie, a défié le couvre-feu, l'état de siège, pour sauver des vies», affirmaient les résidents dans un hommage à leur curé.

Trois ans plus tard, le 5 novembre 1988, la télé émettait un bulletin spécial selon lequel «deux jeunes extrémistes portant une bombe auraient été volatilisés aux environs de la ville de Temuco». En fait, Pablo Vergara et sa compagne Aracelí Romo, rentrés clandestinement au pays, avaient été arrêtés et dynamités au pied d'un pylône électrique. La mère de la jeune fille, Marta, une camarade et une amie qui m'était très chère, me raconta qu'on lui avait remis un colis contenant de la chair humaine en lui disant:

— Ce sont les restes de ta fille!

J'avais caché Aracelí quelques années auparavant, alors qu'elle cherchait à fuir le pays. Luisa, l'autre maman, en apprenant la mort de Pablo, commença une grève de la faim.

— Je ne veux plus vivre agenouillée devant des militaires armés de mitraillettes. Il y a trois jours, quand j'ai appris la mort de mon fils, j'ai cessé de manger. C'est ma façon d'exprimer mon désaccord. Mon offrande, Seigneur, la voici: mon fils Pablo, mon fils Eduardo, mon fils Rafael et tous les enfants de notre peuple, ainsi que ma propre vie.

L'assassinat des frères Vergara eut l'effet d'un séisme. Ces jeunes que nous connaissions n'étaient pas des terroristes; ils étaient décidés à donner leur vie pour délivrer le Chili de cette violence. Pouvons-nous reprocher à cette jeunesse sa détermination à défendre la vie de son peuple? Le couple Vergara-Toledo, dans une lettre ouverte, écrivait en 1992:

> Nos enfants bien-aimés, tout autant que les combattants tombés sous la dictature, ont donné leurs vies pour jeter dehors un régime criminel et pour construire une société véritablement solidaire. Tout ce sang est entré dans le courant du sang du Christ et il nous supplie de travailler sans relâche pour faire du Chili un pays vraiment fraternel, où nous puissions maintenir l'espérance et la foi bien vivantes en édifiant la justice.

Ces crimes et ces sursauts de violence firent rage jusqu'à la fin du régime militaire. Ces évènements ont laissé en chacun d'entre nous qui les avons vécus des cicatrices ineffaçables, un traumatisme qui a imprégné chacune des fibres de notre âme. Dans de telles circonstances, les liens de solidarité et d'attachement qui se sont tissés sont éternels, plus forts que la mort et le désespoir. Ces personnes aimées deviennent nos sœurs, nos frères, nos mères. Nous les porterons intimement jusqu'à notre dernier souffle.

Dans l'antre du diable

«Le démon est dirigé par Moscou», affirmait le général Pinochet. Or en juillet 1985, je reçus une invitation pour le moins insolite: participer au Festival mondial de la jeunesse et des étudiants, qui avait lieu en Union soviétique, cette année-là. Ces rencontres se sont tenues depuis 1947 à intervalles de deux à sept ans, la plupart du temps dans des pays socialistes. L'organisation en était confiée à des militantes et militants d'organisations de jeunesse des partis communistes. Le festival, sur le thème de la paix et de l'amitié, réunissait des jeunes d'un peu partout dans le monde.

Au Chili, le Parti communiste avait servi d'intermédiaire auprès de l'opposition pour former une délégation de 150 jeunes affiliés à différents partis: communistes, miristes (MIR), socialistes, démocrates chrétiens, etc. Dix personnalités venues des différents secteurs politiques et sociaux accompagnaient la délégation. Le voyage, l'hébergement et les déplacements étaient entièrement couverts par l'Union soviétique. On avait prévu inviter un évêque chilien, étant donné l'importance de l'Église catholique dans la lutte pour la démocratie. Bien sûr, aucun d'eux, fût-il sympathique à l'idée, ne voulait accepter une telle offre. C'est ainsi que, quelques jours avant le départ, le MIR m'informa qu'on avait proposé mon nom pour être du voyage et que j'étais invité. Je ne pouvais refuser une telle opportunité de visiter l'«antre du diable» si décrié par Pinochet, surtout que Gorbatchev venait d'assumer la direction de l'URSS avec comme programme la *perestroïka* (reconstruction) et la *glasnost* (transparence), montrant ainsi sa détermination à rompre avec le stalinisme. Je n'informai confidentiellement qu'un seul de mes compagnons missionnaires de mon départ. Officiellement, j'allais visiter des confrères en Argentine. Pour la durée du voyage, on m'imposa le nom de Ramiro Ramirez.

Cela représentait tout un défi de faire voyager 160 personnes à Moscou sans éveiller de soupçons de la part du gouvernement. Je quittai Santiago par avion pour Mendoza, ville d'Argentine située près de la frontière. Quelle ne fut pas ma surprise, à l'aéroport, d'être accueilli par nulle autre qu'Aracelí Romo, que nous avions cachée quelque temps auparavant à Santiago ! Elle s'était réfugiée à Mendoza.

Le lendemain, le gouvernement argentin d'Alfonsín, revenu à la démocratie, mit un train à la disposition de la délégation pour nous permettre de nous rendre à Buenos Aires. À l'aéroport, je faillis rester sur le tarmac. Je voyageais comme membre de la délégation chilienne avec un passeport canadien. Les autorités russes nous donneraient un visa volant qui n'apparaîtrait pas dans les pages du passeport. Mais voilà qu'un fonctionnaire soviétique zélé m'empêchait de monter dans le gros porteur d'Aeroflot, parce que je n'étais pas Chilien. Toute la délégation était déjà à bord, et le départ était retardé. Roberto Parada redescendit de l'avion et vint plaider ma cause. On appela Moscou pour consultation et, finalement, on accepta de me laisser monter, à mes risques et périls : « Vous vous présenterez au KGB en arrivant. » Je fis enfin mon entrée dans l'aéronef, sous un tonnerre d'applaudissements me souhaitant la bienvenue. La majorité de la délégation chilienne me connaissait. C'est ainsi que Ramiro Ramirez dut céder sa place à Claude Lacaille pour le reste du voyage. L'avion transportait quelque 350 délégués du Brésil, de l'Argentine et du Chili, en majorité des jeunes en fête qui dansèrent et chantèrent bruyamment tout au long du vol de vingt-quatre heures.

Cette année-là, selon les statistiques officielles, le festival rassembla 26 000 visiteurs étrangers venus de 157 pays, sans compter quelque 50 000 jeunes Soviétiques. À l'ouverture du festival dans le stade Lénine, nous allions vivre une grande émotion; comme lors des rencontres olympiques, toutes les délégations défilaient autour du stade avec leurs drapeaux, dans une ambiance festive. J'accompagnais Roberto Parada, en deuil de son fils, égorgé à Santiago trois mois plus tôt. Nous étions dans les gradins, tout près de la loge de Gorbatchev. Le jeune public acclama avec cordialité la délégation du Salvador, dans laquelle défilaient de jeunes mutilés de guerre en fauteuil roulant, avec des béquilles ou claudiquant allègrement. Ils venaient directement de l'enfer de la guerre. Mais la surprise suprême fut l'arrivée de notre délégation, la dernière, juste avant celle du pays hôte. À peine vit-on apparaître le drapeau chilien bleu, blanc et rouge avec son étoile que le stade se déchaîna : les Russes sautaient dans l'arène pour toucher, embrasser, saluer la délégation chilienne. L'ovation dura de longues minutes, exprimant avec exubérance la solidarité des 80 000 personnes présentes envers la jeunesse militante du Chili, qui luttait pour la démocratie. Quel baume, quel encouragement, quelle émotion ! Pour paraphraser René Lévesque, je n'ai jamais été aussi fier d'être un Chilien. Don Roberto pleurait à chaudes larmes à mes côtés, m'entraînant dans son émotion. Il m'avoua par la suite que c'était la première fois qu'il pleurait depuis l'horrible meurtre de José Manuel, le 30 mars précédent.

Le soir même, au bulletin de nouvelles de la télévision moscovite, nous apprenions la détention à Santiago de l'actrice Maria Maluenda, épouse de Roberto Parada, à la suite d'une manifestation. Dans les jours qui suivirent, nous nous rendions marcher, don Roberto et moi, dans le parc Gorki, et j'eus le privilège de recevoir les confidences de ce grand patriote au cœur broyé qui laissait libre cours à sa peine, lui qui luttait pour son peuple depuis des lunes avec la même détermination farouche.

Nous logions à l'hôtel Spoutnik, réservé aux délégations «à sécurité maximale». Nos hôtes avaient regroupé dans cet hôtel sous haute surveillance les invités qui vivaient des situations critiques dans leurs pays. Aussi, les entrées et les sorties étaient-elles soigneusement contrôlées, pour éviter l'infiltration d'éléments louches. On y croisait des membres du Front de libération Farabundo Marti du Salvador, de l'opposition haïtienne à Jean-Claude Duvalier, du parti communiste irakien si durement réprimé par Saddam Hussein, du Front Polisario du Sahara occidental. Ce fut l'occasion de précieux échanges et d'ouverture au reste du monde. Il m'arriva même de créer un état de panique dans un ascenseur. Un jour, quelques Haïtiens, dont la chanteuse Martha Jean-Claude, conversaient en créole dans la cabine; je ne pus résister à la tentation de me joindre à la conversation. Ahuris de voir un Blanc parler leur langue, ils crurent aussitôt que j'étais un espion, et je vis la terreur apparaître dans leurs yeux. Je m'empressai alors de les rassurer en m'identifiant et en expliquant pourquoi je parlais le créole.

Dans la rue et le métro, à la vue de notre laissez-passer, les Moscovites nous approchaient avec un grand sourire: «Chile!» On ressentait une grande sympathie de la part de ce peuple chaleureux. Le soir, je sortais avec mon ami Gustavo, jeune poète de Santiago; nous allions déambuler sur la place Rouge. Chaque fois, des gens se rassemblaient autour de nous pour nous poser des questions et amorcer un dialogue. J'avais appris à dire en russe que je parlais français, espagnol et anglais. «*Ya gabariou pa frantsuski, pa spanuski, pa ingliski.*» Immanquablement, quelqu'un levait la main et s'offrait pour nous servir d'interprète. Quelle ne fut pas ma surprise de constater combien les Moscovites étaient au fait de ce que nous vivions! Ils posaient des questions sur la dictature, sur Allende dont ils vénéraient la mémoire, sur la théologie de la libération. Un soir, plus d'une centaine de personnes s'étaient agglutinées autour de nous sur la place, et la conversation dura jusqu'à minuit. J'étais un peu inquiet à l'idée que le KGB pourrait ne pas aimer un tel rassemblement, mais il n'en fut rien.

Les questions fusaient et le public de tous âges était captivé : il y avait là de vieux vétérans de l'Armée rouge bardés de leurs médailles, des ouvriers et des ouvrières, des universitaires. Je garde un souvenir ému de ce contact chaleureux avec le peuple russe.

J'exprimai le désir d'aller saluer la journaliste Katia Olevskaia à la Radio-Moscou, celle qui nous informait de l'actualité chilienne chaque soir sur les ondes courtes, avec sa voix réconfortante... *Escucha, Chile!* Elle m'accueillit avec beaucoup d'affection et me retint toute la journée. Elle m'offrit des disques de Tchaïkovski, m'invita à déjeuner et m'amena saluer le directeur de la radio internationale. J'enregistrai une bonne heure d'entrevues sur la situation au Chili, sur la théologie de la libération, sur le rôle de l'Église sous la dictature. Ces entrevues furent transmises au Chili à petites doses, en altérant ma voix pour que je ne sois pas reconnu.

Je fus invité à la maison du secrétaire général du parti communiste chilien, Luis Corvalán, où je fus accueilli chaleureusement par son épouse et par Volodia Teitelboim, du Comité central. Avec ce dernier, nous analysâmes la conjoncture au Chili. Il savait que je faisais partie de la résistance et il m'invita à adhérer au parti communiste.

— Pourquoi ne travaillez-vous pas avec nous? Vous avez des idées claires, vous connaissez bien le marxisme. Nous formons le parti du peuple.

— Me permettez-vous de vous dire franchement ma position? Vous m'accueillez avec beaucoup de gentillesse, et je ne voudrais pas vous vexer. J'ai étudié l'histoire du parti communiste chilien et j'ai lu la vie de son fondateur, Luís Emilio Recabarren. J'ai un immense respect et beaucoup d'admiration pour l'apport du parti à la classe ouvrière. Cependant, je ne suis pas d'accord avec la position hégémonique du Parti communiste. Actuellement, le Chili voit sa gauche désunie, en partie à cause de cette position du PC qui tarde à former un front commun avec les secteurs démocratiques et populaires. Cela favorise le sectarisme et les divisions de la gauche.

Certains secteurs de l'Église catholique, sous l'autorité du cardinal Silva, ont beaucoup fait pour protéger la vie et l'intégrité de militantes et de militants, et en particulier des communistes. Je sais que vous avez grandement apprécié cette solidarité. Dans la lutte pour rétablir la démocratie, nous avons beaucoup travaillé ensemble et nous avons appris à nous connaître. Nous avons établi un dialogue productif. Néanmoins, je sais que, pour votre parti, cela n'est qu'une alliance tactique. Vous ne croyez pas vraiment que nous, chrétiennes et chrétiens, irons jusqu'au bout dans la construction d'une société socialiste.

Nous ne sommes pas des politiciens, et notre lutte vise plus que la chute de Pinochet. Nous avons fait alliance avec les classes dépossédées par conviction éthique et religieuse, parce que nous croyons que le système capitaliste, orienté vers l'appât du gain et l'intérêt personnel, est incapable de réaliser le bien commun de la société et la distribution équitable de la richesse. Nous croyons en l'unité de l'humanité, nous sommes des internationalistes. Nous croyons en la démocratie du peuple par le peuple, même si les expériences réalisées jusqu'à présent ont été trop souvent perverties par le culte de la personnalité, la dictature du parti et de grandes répressions.

Nous avons combattu le communisme parce qu'il se déclarait ennemi de la religion, qu'il qualifiait d'« opium du peuple ». Je dois reconnaître en toute franchise que ce fut très souvent le cas; le christianisme s'est allié avec le pouvoir des rois et des empereurs et a depuis longtemps perdu sa virginité. Oui, la religion peut être un opium, nous n'avons qu'à regarder comment le président Reagan s'en sert pour ses projets impérialistes. Mais, mon cher camarade, regardez l'Église d'Amérique latine, son combat pour la justice sociale, l'engagement de ses membres à tous les niveaux pour rétablir la paix. Regardez les évêques Romero au Salvador et Angelelli en Argentine, éliminés à cause de leur solidarité avec leurs peuples; plus de 100 religieuses et religieux ont été assassinés sur le continent latino-américain entre 1964 et 1985. Regardez la participation des communautés chrétiennes aux luttes de libération en Amérique centrale. Ces gens sont cohérents et donnent leur vie pour une société solidaire, animés par leur foi chrétienne. Nous allons vous prouver que nous pouvons être cohérents jusqu'au bout. N'essayez pas de nous infiltrer pour nous manipuler; ce serait inutile et nuisible. Laissez-nous réaliser notre mission. Soyons des alliés stratégiques, maintenons le dialogue. Nous sommes des religieux; nous n'avons pas d'ambitions politiques. Mais nous rêvons la même utopie, un monde de fraternité, de liberté et de justice. Mettons de côté nos dogmatismes, et avançons avec le peuple.

Ce voyage en Union soviétique aura été l'occasion d'un dialogue ouvert et fraternel avec des marxistes. J'y ai aussi rencontré Ernesto Cardenal, moine catholique, poète et ministre de la Culture du Nicaragua. Nous lui avons redit notre solidarité avec la révolution sandiniste.

L'heure du retour avait sonné. Ce séjour réconfortant nous avait permis d'échapper à l'hiver cru de Santiago, qui faisait rage en juillet. Notre délégation revint fortifiée au contact de jeunes du monde entier qui vivaient des situations de luttes, avec la foi qu'un autre monde était possible. C'est en revenant au Chili que j'eus l'impression d'entrer dans l'antre du diable. À la frontière, le carabinier me demanda :

— Mon Père, auriez-vous visité un pays socialiste, par hasard ?

— Vous n'y pensez pas ! Vous devriez savoir, mon capitaine, que dans de tels pays on tue les prêtres.

Il me regarda, l'air de dire :

— Me prends-tu pour un con ?

Et par mon sourire narquois, je lui signifiai que oui. Après cette courte parenthèse de deux semaines, je reprenais le collier.

Les limites d'un militant

Heureux de la bonne marche du CRIDEPU avec les universitaires qui rivalisaient d'audace et de créativité, je voyais l'avenir de nos communautés de base populaires dans la formation théologique des laïques. Le jour où la répression s'abattra sur nous, la communauté devra être en condition de défendre ses options de solidarité avec les mouvements populaires. Aussi avons-nous commencé à mettre sur pied un projet appelé « Travailleuses et travailleurs de l'Évangile ». Déjà, deux couples étaient prêts à s'engager comme missionnaires évangélisateurs dans des milieux urbains ou ruraux. Nous voulions former des ateliers d'évangélisation constitués de laïques insérés dans les milieux populaires et appartenant aux classes sociales opprimées. Nous constations avec quelle ardeur les communautés de base s'impliquaient au service de leurs quartiers. Des missionnaires avec une conscience sociale bien vive et engagés à promouvoir la justice et les droits fondamentaux feraient des merveilles. Le projet fut élaboré par une équipe enthousiaste et proposé à la Société des Missions-Étrangères, dont les prêtres étaient impliqués dans la grande périphérie de Santiago. Nous avons toutefois reçu un accueil mitigé, et le projet demeura sans lendemain.

Un activisme démesuré

Pendant que ces projets mijotaient dans nos têtes, je continuais inlassablement à animer des ateliers bibliques dans les paroisses et à former des hommes et des femmes afin de multiplier ces ateliers. On ne peut sous-estimer l'impact qu'a eu ce mouvement biblique au Chili. Nous travaillions dans des conditions de dénuement, en des locaux exigus et peu éclairés, au sein de quartiers éloignés, ce qui nous obligeait à effectuer de longues courses dans des autobus bringuebalants, sans matériel didactique autre que des bibles, que nous obtenions à prix populaire. Je rentrais chez moi vers 22 heures pour tremper la soupe et souvent, en hiver, trempé comme une soupe! J'y retrouvais Ginés et Ivone, le couple qui partageait mon logement. En soirée, des jeunes du quartier venaient passer du temps à la maison pour échanger et lire. J'aimais cette vie communautaire toute simple, faite de partages et de fraternité. C'était réconfortant.

Quand des inconnus demandaient où se trouvait la maison des prêtres, les résidents de La Pincoya les désinformaient et les dirigeaient au diable vauvert, au cas où c'eût été des agents de la dictature. Je me sentais aimé et protégé. Erwin, un gars de dix-huit ans, était un habitué de la maison. Il était très digne et fier, malgré une vie de privations dans sa famille. Il récupérait des os de vache dans un abattoir, les faisait sécher, puis y sculptait des pendentifs en forme de colombes ou d'autres petits bijoux qu'il vendait. L'ivoire des pauvres, quoi! Il n'avait pas les moyens d'étudier, mais sa soif de connaissance était insatiable. Il me questionnait sur une foule de sujets, et je crois bien qu'il a lu tous les livres de ma bibliothèque. Il est devenu un très bon ami. Parfois, nous partions, avec d'autres copains, nous ressourcer dans la cordillère des Andes, passant deux jours en camping près des torrents qui dévalent des neiges éternelles. Un jour, me voyant épuisé, il me proposa d'aller à la montagne. J'avais des ateliers toute la fin de semaine. Il s'indigna et m'interpella vertement:

— Tu es en train de te crever à travailler. Tu devrais prendre du repos. Tu ne fais pas assez attention à toi.

Il avait raison. Cette année-là – j'ignore où je trouvais l'énergie –, le rythme de mes activités s'était accéléré, et je fonctionnais sans arrêt à l'adrénaline. Je sentais qu'il me fallait lâcher du lest. Je savais que quelque chose se tramait auprès des autorités ecclésiastiques. Dans un groupe œcuménique où j'animais des ateliers bibliques, on insinuait que ma présence risquait de mettre en danger l'institution. Daniel, un jeune pasteur pentecôtiste que je considérais comme un frère et avec qui j'animais ces ateliers, fut le seul à me défendre. La situation était pleine de non-dits, et j'appréhendais le pire. Le cardinal était à négocier avec le régime et les partis de droite une sortie de la dictature et, pour cela, il devait prouver à Pinochet qu'il ne tolérait pas de subversifs dans son Église. Tout cela représentait une source supplémentaire de stress.

L'effondrement

Avec mon ami Reinaldo et un jeune couple, nous avons décidé d'aller passer le mois de février en camping aux eaux thermales de Chillán, un endroit très populaire où nous nous sommes installés avec enthousiasme pour nous ressourcer. Les premiers jours, nous allions aux bains d'eaux sulfureuses et chaudes et aux bains de vapeur, et nous faisions des marches en montagne. L'adrénaline tomba et soudain, je me sentis complètement vidé de toutes mes énergies. Durant la nuit, je me mis non pas à pleurer, mais à brailler littéralement. Cela dura des jours. Mes amis étaient affolés de me voir ainsi, et j'étais moi-même très inquiet. Après quelques jours, constatant que ma situation ne s'améliorait pas, je décidai de rentrer en train à Santiago. Reinaldo me raccompagna et se chargea de communiquer avec un psychiatre. Je me rendis à son bureau. En ouvrant la porte, j'aperçus un homme que je connaissais déjà par son surnom, mais sans connaître son identité : mon chef de cellule clandestine dans la résistance ! Médecin, il avait travaillé en Angola, puis était rentré au Chili pour s'intégrer à la lutte antidictatoriale.

Après m'avoir questionné sur ma vie et sur ce qui m'arrivait, il parvint à cette conclusion :

— Tu n'es pas en dépression; tu viens simplement de larguer des émotions accumulées. Tu es très épuisé et tu as besoin de repos.

Puis, avec un sourire taquin :

— Tu sais, vous, les chrétiens, vous avez quelque chose de très bien.

— Ah oui ! Et qu'est-ce que c'est ?

— L'humilité ! Tu vois, tu es un Québécois, tu as reçu une éducation universitaire, vécu une vie de famille confortable, tu as été élevé dans la ouate, quoi ! Et voilà que tu veux devenir un pauvre comme les gens de ton quartier. L'humilité consiste à accepter qui tu es : un petit bourgeois du Nord, qui n'a pas à se prendre pour un prolétaire chilien. Personne ne te demande de vivre exactement comme les gens du quartier. Mets-toi à leur service, sois solidaire, mais donne-toi le droit de vivre. L'humilité, c'est s'accepter tel que l'on est.

— Et combien de temps dois-je me reposer ?

— À toi de voir : deux semaines, deux mois, deux ans. Prends le temps qu'il faut.

Il faut dire que dans notre formation sacerdotale on nous avait confié la mission de sauver le monde. Une telle tâche est très lourde à porter à la longue. Mon jeune médecin remettait les choses en perspective.

— Il faudra que tu changes ta façon de te voir et de percevoir ta mission; sinon, tu risques des rechutes.

Quand Erwin m'a vu revenir à La Pincoya dans cet état, il en fut attristé.

— Je le savais, mon vieux, que cela allait t'arriver !

Je m'isolai à la maison centrale des Missions-Étrangères au centre-ville; il y avait là une chambre séparée du reste de la maison. J'y passai des mois à dormir, à faire de très longues promenades à travers la ville. J'étais incapable de parler cinq minutes avec quelqu'un; je transpirais aussitôt abondamment. Je n'avais aucune capacité de concentration pour écouter la radio, regarder la télé ou lire un journal. J'étais devenu un zombie, incapable de penser. Le médecin me suggéra de pratiquer un sport où je pourrais libérer de l'agressivité : je choisis le tennis et pris deux heures de cours par semaine, avec un pro qui me faisait courir sans arrêt jusqu'à l'épuisement. Je frappais la balle tellement fort qu'un peu plus et celle-ci se serait rendue en Argentine, au-delà de la cordillère! J'avais besoin de me défouler. J'avais des palpitations cardiaques, des serrements de poitrine, je souffrais d'insomnie. Sagement, mon médecin tenait à ne pas me bourrer de médicaments. Tout cela allait rentrer dans l'ordre avec le temps. J'avais coupé mes liens et cessé mes activités, et j'évitais d'écouter les bulletins de nouvelles. Au mois de juin, je décidai de retourner vivre dans ma maisonnette de La Pincoya avec mes colocataires qui prendraient soin de moi.

Trop, c'est trop! Le départ

Le 2 juillet, au premier jour d'une *protesta* nationale, deux jeunes furent brûlés vifs par une patrouille militaire. Carmen Quintana et Rodrigo Rojas furent capturés alors qu'ils se rendaient avec un groupe de jeunes dresser une barricade dans leur secteur, avec de vieux pneus et du kérosène pour y mettre le feu. Les militaires les arrosèrent avec le carburant et y mirent le feu, puis ils transportèrent les deux jeunes calcinés et les abandonnèrent dans un champ hors du secteur. Les jeunes réussirent à obtenir de l'aide et furent transportés à l'hôpital. Avant de mourir, Rodrigo eut le temps de faire une dénonciation devant un juge civil. Carmen fut brûlée au troisième degré sur 60 % de son corps et resta définitivement défigurée.

Les jeunes du CRIDEPU me demandèrent si je pouvais présider la célébration des funérailles. Nous savions que les militaires exerceraient la répression, car il s'agissait d'un crime grave qui devait être dénoncé. À ce moment précis, je compris que je n'avais pas du tout récupéré. Je me sentais absolument incapable de faire face à ce défi.

Je retournai alors à la maison centrale, décidé à rentrer me reposer au Canada. J'en avisai mon médecin, dont le visage s'illumina d'un sourire de satisfaction :

— Voilà la décision que j'attendais depuis le début.

Le lendemain des funérailles de Rodrigo, le soir du 8 septembre, Damián, le vicaire épiscopal de la zone nord, arriva en trombe à notre maison.

— Claude, tu es foutu, me dit-il, désolé. Je sors de chez le cardinal Fresno; il m'a demandé de démissionner. J'ai refusé, en protestant que je jouis toujours d'une bonne santé. Il a tourné autour du pot pendant un certain temps, puis il m'a dit : « Damián, ton remplaçant est déjà nommé, et on va l'annoncer à la radio dans une heure. Tu n'as pas le choix. »

Cet ancien curé de campagne était un homme bon et passionné. Son successeur, Antonio Moreno, un fervent admirateur du dictateur, était nommé pour mettre de l'ordre dans la zone nord ! Lui-même bibliste, il s'empressa de démanteler les ateliers de Bible du Centre de réflexion pastorale. Avec le départ de Damián, j'étais complètement à découvert; je perdais mon protecteur. Je rentrai au pays, en congé prolongé pour épuisement professionnel, sans me douter que jamais je ne reviendrais au Chili.

Un mois plus tard, le 8 septembre 1986, mon ami José Carrasco, vaillant journaliste, était arrêté en pleine nuit à son domicile. Il fut emmené, encore en pyjama, et quand son épouse voulut lui donner ses souliers, le chef de la patrouille lui dit :

— Là où nous l'emmenons, il n'a pas besoin de souliers.

Il fut charrié au cimetière Parc du souvenir, près de La Pincoya, où on l'abattit de sept balles. Décidément, les deuils continuaient à s'accumuler.

Retiré dans un chalet, je me reposais dans les Laurentides et passais mes journées à me promener en forêt. Une jeune mère chevreuil m'avait adopté et m'accompagnait fidèlement dans mes errances, avec ses deux faons. Dans les feuilles rouges qui jonchaient déjà le sol, je revoyais tout le sang répandu durant cette période. Dans le silence et la paix de la nature, avec l'affection que me donnait ma biche amie, je commençais lentement ma résurrection.

Un temps de restauration

Même au Canada, il m'était difficile de m'abstraire de la réalité chilienne. Les mois s'écoulèrent dans la plus complète passivité. Je traversai l'hiver auprès de ma mère, refuge rassurant quand les tempêtes secouent notre vie. Au printemps, j'avais repris mes énergies et j'obtins l'autorisation d'aller en Israël, pour vivre deux mois de découvertes au pays de la Bible et pour compléter une recherche sur les origines des tribus d'Israël. Avec André Drapeau, rentré récemment du Chili, nous avons vécu un printemps magnifique, nous imprégnant de la terre qui avait vu germer l'expérience de la foi judéo-chrétienne. Je voulais approfondir mes connaissances pour continuer ce travail de relecture de la Bible avec les appauvris du Chili. En juin, nous nous rendîmes à une rencontre internationale de biblistes populaires à Genève, au Conseil œcuménique des Églises. Dans une ambiance d'ouverture et de dialogue, ce partage entre gens de différentes confessions chrétiennes de tous les continents fut très stimulant. Les consœurs et confrères de Corée, du Bangladesh, du Zimbabwe, d'Ouganda, d'Égypte, des États-Unis, du Chili et d'Europe avaient des expériences pertinentes à partager sur leurs façons de relire la Bible au milieu des peuples. Nous découvrions que, sans en porter nécessairement le nom, partout sur la planète se développait une théologie de la libération au sein des peuples opprimés.

Je rentrai frais et dispos au Canada et m'empressai de prendre rendez-vous avec le supérieur général, pour lui annoncer que j'étais enfin prêt à retourner au Chili.

— Tu ne retournes pas au Chili! Il n'en est pas question. Nous avons rencontré le cardinal Fresno, qui a demandé ton retrait. Tu iras au Pérou.

Ainsi, depuis un an, mon sort avait été réglé, et j'étais le seul à l'ignorer. Je n'étais qu'un pion qu'on déplaçait. Je demandai des explications, des pourquoi. Ce fut inutile; je n'en sus jamais plus, jusqu'à ce jour. Cette nuit-là, je fus réveillé par un cauchemar terrible; on m'ouvrait le ventre et on en arrachait un fœtus ensanglanté. Je hurlais! Ma vie venait d'avorter; j'étais arraché au peuple que j'aimais. Jamais quelqu'un ne m'avait blessé autant que ce clerc autoritaire, qui prétendait parler au nom de Dieu et exigeait de moi une obéissance aveugle. Les condamnations de la théologie de la libération par le cardinal Ratzinger s'infiltraient dans notre Société missionnaire; en effet, à la même époque, deux confrères impliqués dans la même dynamique de libération, Éloy Roy d'Argentine et Henri Coursol du Nicaragua, étaient eux aussi rappelés au Canada.

J'avais conservé un bibelot chargé de souvenirs dans ma maisonnette chilienne: une douille de bombe lacrymogène recueillie dans ma cour un soir de *protesta*. Il y était inscrit: *Made in Canada*. Désormais, je serais en mission à Montréal. J'y arrivais tel un exilé écartelé entre deux mondes. Mais dans mes missions au Québec, je n'ai jamais cessé mes allers et retours vers la «Grande Patrie» de Bolivar[82], l'Amérique du Sud et les Caraïbes.

C'est de cette «Grande Patrie» que je suis citoyen à vie.

82. Le libérateur Simon Bolivar rêvait à l'unité de tous les pays hispanophones; la *Patria Grande* est l'utopie de tous les pays d'Amérique latine et des Caraïbes réunis.

La mission la plus difficile est au Nord

Quand le prophète Jonas fut envoyé dans la mégapole de Ninive, foyer de corruption et d'injustices, il ne voyait pas ce qu'il pouvait y changer. Il fuit loin de son Dieu, et c'est la baleine qui le ramena à son devoir en le vomissant sur les rives de la grande ville. Jonas, c'était moi ! Devant la perspective de vivre ma mission au Québec, je me rebellais. Mes liens affectifs les plus profonds, mes compagnes et compagnons de lutte durant ces années de solidarités, ma participation au mouvement biblique et à la théologie de la libération, tout cela m'était retranché cruellement. Des amis de l'Église épiscopalienne m'invitèrent à rallier leurs rangs comme prêtre, et mon ami Daniel m'offrit d'enseigner la Bible aux futurs pasteurs évangéliques à Santiago. Mais dans l'Église catholique, j'étais coincé dans un guet-apens institutionnel.

J'en retins que, dans des situations semblables, il faut savoir prendre ses distances et se libérer pour reformuler une hypothèse plus viable. Les conseils de l'apôtre Pierre aux jeunes de ses communautés m'aidèrent à traverser la crise :

> Faites-vous donc humbles sous la main puissante de Dieu afin qu'il vous élève au moment opportun. Remettez-lui toute votre angoisse, parce qu'il se soucie de vous. Calmez-vous, veillez. Votre adversaire, le diable, rôde comme un lion rugissant, cherchant qui dévorer. Résistez-lui,

> fermes dans la foi et sachant que les mêmes souffrances sont endurées par vos frères et sœurs à travers le monde[83].

J'avais besoin de temps pour me retourner, retrouver ma voie et guérir mes blessures. Des compagnons jésuites m'accueillirent fraternellement sous leur toit et m'ouvrirent leur petite communauté dans le quartier ouvrier de Saint-Henri, à Montréal; j'y passai deux belles années de guérison.

J'arrivais dans un pays que je ne connaissais pas, le Québec. Depuis mon départ pour Haïti en 1965, la société avait changé profondément: «Révolution tranquille», ouverture sur le monde, prise en charge de l'éducation et de la santé par l'État québécois, séparation de l'Église et de l'État, laïcité, sans oublier le fort courant nationaliste qui avait abouti à un référendum sur l'indépendance du Québec en 1980. L'échec de cette consultation provoqua une déprime politique et une dépolitisation de la population, pendant que se développait avec vigueur un capitalisme québécois francophone, le Québec inc.

Forum mondial social, 2003 — Brésil

---

83. *Première lettre de Pierre* 5, 8-10.

Abasourdi, j'entendais de la bouche des politiciens québécois, tant chez les péquistes[84] que chez les libéraux, les mêmes propos que nous rabâchaient les ministres de Pinochet: promotion du libre-échange en supprimant les barrières tarifaires, dénationalisation des entreprises d'État et vente de celles-ci à l'entreprise privée, mondialisation de l'économie. L'économie de marché était devenue la nouvelle foi, la nouvelle religion, le nouveau dogme du salut collectif. Partout, l'individualisme prenait le dessus; chacun sauve sa peau. Finies les utopies, finis les projets de société. C'était la fin de l'histoire. La natalité était à son plus bas, et les suicides des jeunes au Québec battaient de tristes records.

Le défi de la mission était d'affronter cette mondialisation de l'économie, cause directe des inégalités criantes: une authentique dictature de l'argent. C'est le Dieu de la vie ou le dieu argent: on ne peut servir les deux à la fois. On ne peut s'installer confortablement dans cette Babylone qui a pour seul but l'enrichissement rapide des plus riches au détriment des milliards d'humains qui vivent dans des conditions inhumaines. Notre christianisme du Nord mérite les reproches de Jésus à l'Église de Laodicée dans l'*Apocalypse* de Jean:

> Je connais ton activité; je sais que tu n'es ni froid ni chaud. Si seulement tu étais l'un ou l'autre! Mais tu n'es ni chaud ni froid, tu es tiède, de sorte que je vais te vomir de ma bouche! Tu dis: «Je suis riche et j'ai fait de bonnes affaires, je ne manque de rien.» En fait, tu ne sais pas combien tu es malheureux et misérable[85]!

84. Partisans du Parti Québécois fondé par René Lévesque.

85. *Apocalypse* 3, 14-22.

Qu'est-ce que tu fais encore là-dedans ?

Un jour, des retraités de l'Université de Trois-Rivières m'invitèrent à leur parler lors d'un déjeuner-causerie qui les réunit une fois par mois.

— Peux-tu nous dire ce que tu fais encore dans cette galère ?

En effet, la plupart de ces personnes avaient délaissé l'Église et se demandaient pourquoi je n'avais pas quitté un bateau qui prenait l'eau de toute part.

— Ce n'est pas l'envie qui a manqué, mais je suis resté, parce que j'adhère au message de Jésus de toute mon intensité. C'est ma raison de vivre.

Je suis avant tout missionnaire, et aussi prêtre séculier. Dans mes missions antérieures, ce statut était généralement perçu de façon positive par les populations que nous desservions. Au Chili, par exemple, où la pratique religieuse est plutôt faible, j'ai travaillé dans les secteurs populaires avec de nombreux marxistes, avec lesquelles nous avions des relations cordiales. Quand les militants découvraient en nous un homme solidaire avec les classes opprimées, cela suffisait pour nous faire accepter.

— Le *Padre* est de notre bord !

Au Québec, les lourdes rancœurs à l'égard de l'Église catholique et de son clergé se soldaient par un anticléricalisme, que je rencontrais au quotidien. Cela me déstabilisait. Se présenter comme prêtre était très souvent comme ériger une barrière, sinon un mur. Après l'encyclique de Paul VI en 1968 interdisant aux catholiques l'usage des contraceptifs, les fidèles du Québec avaient commencé à délaisser les temples catholiques et l'Église. La chute du catholicisme traditionnel a été dramatique, au point qu'aujourd'hui il ne reste que des ruines de l'institution jadis si puissante. Le long règne du pape Jean-Paul II, présenté en superstar par les médias, s'appliqua à restaurer l'hégémonie du christianisme en Occident et à faire oublier le concile du Vatican II.

Je réalisais que, pour nos militantes et militants, l'image projetée par l'Église catholique était aux antipodes des valeurs de la modernité. On avait honte d'être identifié à une telle institution, d'où une posture de chrétiens de l'ombre, un peu comme ce Nicodème qui alla voir Jésus de nuit pour ne pas être vu par ses pairs.

Je me souviens d'une rencontre avec dom Helder Camara, l'humble évêque brésilien invité par Développement et Paix en 1969 à Montréal. Il était venu nous dire :

— Si vous voulez aider le tiers monde, restez chez vous et changez votre société. Car la cause de nos problèmes de pauvreté réside ici, au Nord.

Cette parole prophétique m'a mis sur la piste de ma nouvelle mission. Pour me secouer, je me disais :

— Tu as très bien su t'adapter auprès d'autres peuples, alors fais de même ici. Adapte-toi et mets-toi à l'ouvrage !

Contribuer au mouvement étudiant

Le Mouvement des étudiantes et étudiants chrétiens du Québec (MECQ) était alors à la recherche d'un aumônier national qui puisse aider l'organisation à se déployer dans les cégeps et les universités du Québec. Ils m'invitèrent à militer avec eux. Pendant des lustres, avec l'équipe nationale, je consacrai mes énergies à regrouper des étudiantes et des étudiants pour promouvoir la prise en charge par les jeunes de leur milieu de vie. *Voir, juger, agir!* Déjà, les néolibéraux prônaient le dégel des frais de scolarité; selon ces gens, l'éducation est un bien de consommation et ceux qui la consomment doivent faire leur part. Il fallait réagir ! La déprime nationale avait laissé en ruines le mouvement étudiant, qui était alors pratiquement éteint. Ce fut un labeur de fourmi, rempli de déceptions et d'échecs, mais aussi un travail patient d'éducation politique et de conscientisation. Avec la JEC[86] présente dans les polyvalentes, nous

86. Jeunesse étudiante chrétienne.

travaillions à former des militantes et des militants chrétiens capables de transformer leur milieu. Mon confrère Jean Ménard, qui avait une histoire de solidarités avec le monde syndical et populaire, nous a alors proposé de regrouper les forces vives du MECQ dans le quartier Centre-Sud de Montréal, où une douzaine de personnes ont emménagé. Ces années où j'ai partagé un logement avec Jean, deux étudiantes et un étudiant ont été pour moi une étape très importante, qui m'a permis de mieux comprendre la réalité de ma nouvelle terre d'adoption. Nous formions une communauté de base appelée «Au pied du courant», en souvenir des patriotes de 1837, qui avaient été pendus dans ce quartier où nous partagions notre vécu et notre foi.

J'ai aussi collaboré au travail de Jeunesse du Monde, un mouvement pour adolescents qui sensibilisait les jeunes à la solidarité internationale et leur permettait de s'y engager. Les groupes étaient nombreux et rassemblaient des élèves de l'ensemble du Canada francophone. Dans cette foulée, il fut décidé d'envoyer une équipe en mission dans un petit village situé près du delta de l'Orénoque, aux confins du Venezuela. Avec la participation des Sœurs des Saints-Cœurs de Joliette, deux jeunes de l'équipe nationale de Jeunesse du Monde et trois religieuses assumèrent durant une dizaine d'années un service pastoral et solidaire que nous soutenions et visitions régulièrement, en y accompagnant des stagiaires québécois.

J'ai toujours trouvé dans le réseau de l'Entraide missionnaire des sœurs et des frères qui partageaient ma vision de l'Église et du monde. Le Comité Justice de la Conférence religieuse du Québec m'a invité à participer à leur dynamisme; nous parcourions les régions et servions de pont entre les communautés religieuses locales et les organisations communautaires et populaires. J'y découvrais un grand dynamisme prophétique, particulièrement chez les religieuses qui ont été fidèles à servir les pauvres et les jeunes. Ces femmes m'ont beaucoup inspiré; elles sont de véritables prophétesses insérées dans notre monde. Ces réseaux ont été le lieu de fraternité qui m'a permis de tenir bon.

Un aidant naturel

La vie est souvent déroutante; depuis mon retour au Canada, j'avais l'habitude de visiter ma mère, qui vieillissait en beauté à Trois-Rivières. Veuve depuis l'âge de soixante ans, elle était demeurée une femme enjouée et sociable, qui débordait de vitalité. Mais je sentais que la solitude la gagnait peu à peu et, en 1995, à quatre-vingt-cinq ans, elle eut un premier pépin de santé. Sa colonne vertébrale était minée par l'ostéoporose, et elle devait porter un corset d'aluminium qu'elle désignait comme son «attelage». La voyant diminuer rapidement, je devais intervenir.

— Maman, tu ne peux pas rester seule dans cet état. Il faut prendre une décision: veux-tu venir habiter avec moi à Montréal? Veux-tu aller vivre dans une résidence?

Montréal, c'était non! Elle se serait retrouvée seule, sans réseau social. En résidence, c'était non aussi. Elle voulait rester chez elle.

— Alors veux-tu que je vienne vivre avec toi?

— Mais ton ministère?

— Il y a un commandement de Dieu qui dit de s'occuper de ses parents. Nous serons des colocataires, comme les jeunes de l'université.

Et c'est ainsi que j'ai passé onze merveilleuses années aux côtés de celle que tout le monde à Trois-Rivières appelait ma «coloc». Après trois mois, elle avait complètement oublié son «attelage» et avait repris sa routine. Quelle chance et quelle grâce de pouvoir établir une relation d'adultes avec la femme qui vous a donné la vie! Quelle complicité et quelle allégresse nous avons vécues jour après jour, nous apprivoisant peu à peu! Pour moi, l'apprentissage du vieillissement ne pouvait se faire à meilleure école. Ma mère est morte de sa belle mort à quatre-vingt-seize ans. Cela m'a fait réaliser à quel point la présence d'êtres chers nous est essentielle pour traverser sereinement le pont de la vieillesse.

Dès mon arrivée à Trois-Rivières, le Comité de solidarité de Trois-Rivières, fondé en 1973 à l'occasion du coup d'État au Chili, m'invitait à rallier ses rangs et me procurait un travail. Je pouvais ainsi continuer ma solidarité avec les peuples du Sud en compagnie de jeunes militantes et militants, au sein d'un organisme qui partageait mes valeurs. Le Comité est un lieu d'engagement, de solidarités locales et internationales, un lieu de fraternité et d'ouverture. Ce fut ma famille d'adoption, où se côtoyaient jeunes idéalistes et vieux routiers de la lutte sociale.

L'Arche de Jean Vanier, qui regroupe en foyers des personnes vivant avec une déficience intellectuelle, m'invita à accompagner sa communauté trifluvienne comme conseiller spirituel. Le contact avec ces personnes qui parlent le langage du cœur, ces «petits» de notre monde qui ont tant à nous apporter par leur joie, leur spontanéité et leur amour, m'a appris à être, plutôt qu'à faire des choses. Je réalisais que ma venue à Trois-Rivières allait me permettre d'intérioriser mon engagement auprès des pauvres et des blessés de la vie.

Puis un nouvel engagement m'attendait à la résidence Cooke: je fus engagé par ce centre d'hébergement et de soins de longue durée pour accompagner des personnes qui, à cause de leur état, doivent compter sur l'aide d'autrui pour vivre. Mes premières visites à la résidence me donnaient l'impression d'entrer dans un lieu de souffrance, mais j'y ai découvert un monde d'une grande profondeur. Intervenant en soins spirituels, c'était ma fonction. Ma tâche consistait à aider les personnes atteintes de maladies chroniques avancées, de lourds handicaps, de paralysies, ou simplement parvenues à un très grand âge, à vivre dans la sérénité et la joie cette dernière étape de leur vie.

Mes expériences auprès des communautés de l'Arche et de la résidence Cooke m'ont réconcilié avec l'être humain, m'ont révélé la beauté des êtres. Les gens que je rassemble une fois la semaine pour célébrer la vie sont généralement souriants, rieurs. Leur résilience, leur attachement à la vie et leur détermination me séduisent. Il y a dans nos CHSLD une organisation qui, sans être parfaite, constitue un milieu où les personnes continuent à vivre pleinement. L'expérience à l'Arche m'a formé et préparé aussi à entrer en communication avec les êtres atteints de la maladie d'Alzheimer, avec lesquels la seule communication possible est celle de la tendresse. Elle m'a fait découvrir un personnel soignant attentif et humain, à qui l'on demande énormément et qui travaille avec conscience professionnelle et empathie.

C'est ainsi que le missionnaire plongé dans la tourmente de la dictature de l'argent continue désormais son engagement avec bonheur et sérénité au service de ses semblables. Il reste encore tant à faire, mais cela me rassure de savoir qu'après nous ce n'est pas le déluge. D'autres générations se lèvent et continuent de créer des conditions pour un monde transformé. Le printemps arabe, où la jeunesse a exprimé haut et fort sa volonté de changement, les luttes étudiantes au Québec en 2012, qui nous ont révélé une jeunesse debout qui dit non au néolibéralisme et à la marchandisation de l'éducation, le mouvement Idle No More, qui met en marche les Premières Nations pour leur émancipation, etc., voilà que la Bonne Nouvelle est annoncée. L'arrivée du pape François, déterminé à entrer de plain-pied en dialogue avec notre monde moderne, dans une attitude de compassion et d'ouverture, amène dans notre Église un vent de fraîcheur et nous donne du souffle. Dans son exhortation apostolique *La joie de l'Évangile*, François dit non à la nouvelle idolâtrie de l'argent; il parle d'une « tyrannie » de l'argent, d'un « système social et économique injuste à sa racine[87] ».

Tout cela m'apporte l'espoir que, oui, un autre monde est possible.

87. Pape François, Exhortation apostolique *Evangelii Gaudium*, Médiaspaul, 2013, nos 55-56.

Retrouvailles

Santiago du Chili, janvier 2007

Le fleuve Saint-Laurent n'est pas encore gelé et l'île de Montréal émerge, morne et grise, avec ses neiges sales. Dans l'avion qui me ramène de Santiago, la nuit a été longue. Réfugié dans un demi-sommeil, pensif et recueilli, je savoure les émotions fortes que je viens de vivre au Chili durant un mois. Je suis encore tout remué, j'ai peine à comprendre ce qui vient de m'arriver.

Vingt et un ans après mon départ de Santiago, j'avais le désir de revoir mes compagnes et compagnons de lutte, qui ont survécu tant bien que mal aux années sombres de la dictature de Pinochet. «Que sont mes amis devenus que j'avais si près tenus et tant aimés[88] ?» Mais je n'avais dans mon carnet que deux numéros de téléphone. J'appelai Juan Carlos, aujourd'hui sociologue dans un hôpital de la capitale. Je l'avais connu alors qu'il avait quinze ans, enfant de famille ouvrière qui voulait en découdre avec la dictature.

— Je veux que tu viennes loger chez moi. Tu vas connaître mon épouse et ma petite Sofia. Celle-ci a bien hâte de voir son grand-père !

Je téléphonai à Reinaldo, mon compagnon de luttes qui, lui aussi, m'offrait l'hospitalité, avec sa femme et leurs deux adolescents.

88. La *Complainte* de Rutebeuf.

En ce dimanche midi de janvier, sous un soleil d'été torride, une douzaine de personnes m'attendaient à l'aéroport de Santiago. Juan Carlos nous accueillait tous dans sa cour avec grillades, salades, melon d'eau et vin rouge. La fête des retrouvailles commençait joyeusement. En fin d'après-midi, Reinaldo me souffla à l'oreille :

— Il nous faut partir, les gens de La Bandera désirent te saluer.

Pendant six ans, j'avais vécu dans ce quartier la période la plus intense de mon séjour au Chili. Qui allais-je retrouver ce soir ?

Reinaldo restait discret; une surprise m'attendait. Soixante-dix personnes s'étaient réunies au centre communautaire luthérien, dans une salle où nous avons pris place en cercle. J'étais submergé d'émotions; depuis 1980, je n'avais aucune nouvelle; et voilà qu'ils et elles se tenaient là, accompagnés de leurs enfants et de leurs petits-enfants. Je les avais connus adolescents ou jeunes adultes, en pleine dictature militaire, sans travail, sans argent, affamés et subissant la violence quotidienne des forces policières et de l'armée, qui avait durement réprimé ce quartier rouge.

Il y avait là des membres de notre communauté de base des années 1980, des militantes et militants de gauche, des camarades qui avaient combattu la dictature. Dario, prisonnier politique durant quinze ans, venait d'être libéré; il était heureux de pouvoir partager ce moment exceptionnel. Lui aussi était un revenant. Jamais ne m'avait-on bombardé d'autant de questions :

— Te rappelles-tu... ? Est-ce que tu te souviens... ?

Parfois, oui, le souvenir était clair, mais pour d'autres événements évoqués, le black-out était total et j'ouvrais de grands yeux interrogateurs. Les commentaires fusaient : louanges, blagues, anecdotes, etc. J'avais l'impression d'assister à mon procès de canonisation, mais sans avocat du diable pour prendre la contrepartie.

— Mes amis, vous êtes très, très aimables, et je suis profondément touché de vous revoir après toutes ces années. Je ne me serais jamais attendu à retrouver autant de gens du quartier, mes voisines et voisins, mes sœurs et frères de la communauté, et la vieille garde de la résistance toujours bien campée ! Quand je suis arrivé à La Bandera en 1977, j'étais un jeune prêtre et j'atterrissais dans un milieu durement frappé par les disparitions, les enlèvements, les détentions, la torture. Partout la terreur s'imposait, implacable. Je ne savais pas ce qui m'attendait et vous m'avez ouvert votre cœur et votre demeure, vous m'avez tout enseigné sur la lutte sociale.

J'ai vécu mon initiation avec Rachel, « la vieille *Raca* », militante du MIR qui, malgré une vie de privations, n'a jamais baissé les bras. Elle m'a entraîné à ma première manifestation, alors que le peuple commençait à se réorganiser. C'était le 8 mars 1977, journée internationale des femmes. Quand nous sommes descendus de l'autobus près du stade Santa Laura où nous étions convoqués, l'armée nous attendait avec blindés et forces spéciales, prête à frapper. J'étais mort de peur, et Raca m'a dit : « Curé, tu veux être avec le peuple, alors allons-y ! » Impossible de nous regrouper; les militaires nous repoussaient hors du secteur à coups de matraque. Raca a commencé à invectiver un capitaine perché sur un blindé. J'ai alors entendu un discours révolutionnaire, assaisonné de tous les jurons chiliens. « Tu n'as donc pas de mère, c*&dtm ? Nous sommes des femmes pauvres qui n'avons rien à manger. Nos maris sont au chômage, nos fils en prison, nos petits enfants sous-alimentés... et vous, les braves soldats, vous vous acharnez à tabasser des femmes ! Quel courage ! »

Le capitaine encaissait, cramoisi et furieux. Je tenais Rachel par le bras et tirais peureusement sur elle pour nous dégager. Elle m'a regardé avec un sourire coquin... je devais être très pâle... et elle a entrouvert son sac à main : il était plein de gros cailloux. Cette femme n'avait peur de personne! Dans notre fuite, nous nous sommes réfugiés avec un groupe de manifestantes dans la cathédrale. Nous avons barré la grande porte et nous sommes restés enfermés là pendant deux heures, tantôt ouvrant les portes pour crier nos slogans quand la répression s'éloignait, tantôt les refermant brusquement quand les militaires rappliquaient. «Pain! Justice! Travail et Liberté!» Sans l'avoir cherché, j'avais participé à l'occupation de la cathédrale. Je disais aux femmes que j'accompagnais: «Dire que ma mère pense que je suis en train d'enseigner le catéchisme au Chili!»

Ces années passées parmi vous, mes amis, ont été parmi les plus riches de ma vie. Ça a été très difficile, je l'admets; j'ai dû me remettre en question sur plusieurs points, mais vous m'avez formé à la solidarité. Je vous en remercie. Vous êtes ma famille.

Sur une petite table ornée d'un pot de fleurs de plastique étaient déposés une coupe de vin et un pain de ménage fraîchement pétri par Silvia. Celle-ci m'invita à les partager en signe de communion. J'aimais ces proches dont l'amitié restait intacte après une séparation de tant d'années, mais il me semblait qu'ils m'idéalisaient un peu trop. Un militant communiste s'approcha:

— Je vais t'expliquer, Claudio. Durant la dictature, vous, les missionnaires québécois, étiez répartis dans plusieurs quartiers ouvriers de Santiago. Je vivais avec ma famille dans la zone est; notre cabane de bois avait un plancher de terre et, un soir d'hiver, est survenue une inondation. Nous avons été recouverts par un mètre de boue et nous avons tout perdu. À minuit, sous une pluie torrentielle, ton confrère René[89] est arrivé chez nous tout trempé, pour nous offrir du secours. Ces choses-là, on ne les oublie jamais! Vous nous avez aimés, vous nous avez accompagnés, vous avez partagé notre vie et vous nous

89. René Lapointe, prêtre du diocèse de Saguenay, a consacré quarante-quatre ans à la défense des travailleuses et travailleurs du Chili.

avez défendus durant les années les plus dures de notre existence. Voilà pourquoi le peuple vous aime tant, et voilà pourquoi je suis ici.

En fin de soirée, au moment de nous séparer, Salvador, un adolescent de seize ans, dit à sa mère:

— Maman, tu m'avais dit que cette rencontre était importante, mais jamais je n'aurais imaginé qu'elle l'était autant.

Le dimanche suivant, Gabriela invita les membres de la communauté de base à se réunir chez elle, au pied de la cordillère des Andes, pour une journée de partage. Nous étions une cinquantaine au rendez-vous, les vieux de la vieille, qui avaient cessé de se réunir depuis belle lurette, avec leurs enfants, petits-enfants et amis. L'atmosphère était joyeuse, et je constatais que ma visite était l'occasion de retrouvailles pour la communauté. Après le repas pris sur l'herbe, *la Gaby* nous convoqua au bord de la pataugeuse où s'ébrouaient les petits. Elle demanda le silence.

— La vie dure que nous avons menée nous a séparés. Nous avons essayé de survivre avec des emplois de misère et nous sommes noyés dans les dettes. J'ai élevé seule et à bout de bras ma fille et mes deux fils que voici; nous avons connu la faim, le dénuement, mais je n'ai jamais cessé de lutter. J'ai éduqué mes enfants dans la résistance et la solidarité, j'ai voulu leur transmettre les valeurs qui ont guidé ma vie. Je les ai préparés durant toutes ces années et je t'attendais pour qu'ils soient baptisés. Claude, je veux que tu leur communiques le même souffle que tu nous as donné.

Ce jour-là, à l'initiative de Gabriela, quatre adultes et deux enfants furent baptisés. La communauté retrouvait un souffle nouveau. Miriam, ma petite voisine d'autrefois devenue travailleuse sociale, prit la parole.

— Tu sais, nous avons été abandonnés par l'Église. André, Reinaldo et toi, vous étiez nos voisins. Mon père était au chômage, ma mère travaillait comme une esclave dans une maison de riches pour un salaire de famine. Nous, les enfants, mangions à la tablée populaire. Votre porte était toujours ouverte pour tout le monde. Après votre départ, d'autres prêtres ont occupé votre maison. Ils ont commencé par élever un mur de briques de deux mètres et une porte de fer pour se protéger des gens. Leur message était clair : nous ne voulons pas être dérangés. Maintenant, on a construit une grande église dans le quartier, sans consulter personne. Le prêtre vit au centre-ville et vient dire la messe le dimanche. On nous a même refusé une salle pour t'accueillir. Voilà pourquoi nous avons fait appel à l'Église luthérienne.

L'avion touche terre, et les vibrations de l'appareil me tirent de mon sommeil. J'atterris à Montréal, confirmé et heureux. Je peux tourner la page. Ce qui demeure vraiment dans nos vies, ce ne sont pas nos travaux et nos réalisations, mais bien les relations vraies que nous tissons avec nos semblables. Oui, vraiment, « l'amour ne passe jamais ».

¡*Gracias a la vida que me ha dado tanto*[90] !
Merci à la vie qui m'a tant donné !

90. De la chanson de Violeta Parra, *Gracias a la vida*.

Table des matières

Imprimé sur du papier Enviro 100% postconsommation
traité sans chlore, accrédité ÉcoLogo et fait à partir de biogaz.